TREN DEL ÉXITO YA ME SUBÍ, AHORA NO ME BAJO

Juan Carlos Escárrega Rojo

Primera edición: marzo 2022
ISBN: 978-607-99641-6-0

Tel: (55) 1535-6071 / 5512-7125

Contacto del autor:

@juancarlosescarrega

@juancarlosescarrega

Impreso en México – *Printed in Mexico.*

AGRADECIMIENTOS

En primera instancia quiero agradecer a Dios y a mis padres que me dieron la vida y que fueron una fuente muy importante de inspiración.

Quiero agradecer a mi esposa Liliana que ha sido paciente conmigo en estos veintidós años a mi lado; a mi hija Alexandra que fue mi impulso inicial para reforzar mi deseo de ser alguien en la vida; a mi hijo Diego que, cuando nació, me hizo pensar que no somos nada, porque sufrimos la angustia de verlo al borde de la muerte durante nueve días después de su primer llanto, pero Dios nos lo prestó; a mi hija Diana, porque desde su nacimiento me hizo sentir divino y se ha convertido en mi orgullo académico y familiar; a mi hija Karla, porque hace que todo tenga sentido, pues su amor y su ternura son inigualables.

Agradezco a todos mis hermanos y mis hermanas que son y han sido parte fundamental de mi crecimiento y a todos mis amigos(as) de ayer y hoy que me han dado grandes aprendizajes.

GRACIAS A TODOS

ÍNDICE

PRÓLOGO

En este libro me he permitido ejemplificar nuestro paso por esta vida a través de la metáfora de los trenes. Siempre estamos en uno de ellos y quien no sepa en qué tren está viajando, entonces asumirá que está en el tren desconocido y se dará cuenta que el tictac del reloj nunca dejará de sonar, nunca se detendrá.

Identificar en qué tren estamos nos ayudará a reflexionar en qué etapa transcurre nuestra vida y si ya estamos en un asiento placentero o no; por ello es que, a lo largo de diversos capítulos, sabremos cómo evitar que nuestra trayectoria se desvíe, cómo eludir los distractores que se presenten en nuestro camino y cómo cuidarnos para nunca claudicar ante las metas y los objetivos que queremos lograr.

A partir de los testimonios que leerás (cuyos nombres he cambiado por respeto y confidencialidad), reconocerás las características que, en algunos casos, permitieron un desarrollo exitoso, pero en otro fue todo lo contrario y ahí describiré cuáles fueron las causas que impidieron la plenitud de aquellas personas. De igual manera, te demostraré cómo la perseverancia, el trabajo duro y el amor hacia la familia han sido los tres factores en común de quienes ahora viajan en los trenes placenteros y de la misma forma, te mostraré cuáles son las similitudes de las personas que no han ni hecho el mínimo intento por ganarse un boleto hacia un asiento dentro de la locomotora. Algunos(as) simplemente no han querido avanzar ni obtener nuevas oportunidades que los(as) catapulten hacia un mejor estilo de vida, pero no cabe duda que cada cabeza es un mundo y agradezcamos que así sea.

PREÁMBULO

En mi primer libro *Nacer pobre no es tu elección. Vivir pobre sí* entregué todo mi corazón y mi mente al escribir mis experiencias de vida sobre las que caminé y no desesperé hasta lograr un objetivo que, considero, ha sido el más significativo hasta hoy: salir de la pobreza material extrema en la que viví durante mi infancia y ahora vivir cómodamente con mi familia al aprovechar las bondades que da el éxito financiero que he obtenido; sin embargo, éste puede ser efímero si no se toman las medidas necesarias para conservarlo, mantenerlo y, por supuesto, gozarlo.

Una vez que lo has logrado, es complicado no confundirte, pues cuando consigues algo que habías soñado, nada te garantiza que se quedará para siempre, porque en un abrir y cerrar de ojos puedes perderlo al no haber construido bases sólidas que te ayuden a mantenerlo.

A mis cincuenta años, con mi esposa (de quien omito la edad) y con tres hijas de treinta años, veinte años y quince años respectivamente y un hijo de veinte años, tengo una calidad de vida aceptable y dirijo un par de oficinas que, entre ambas, suman un promedio de setenta colaboradores. No obstante, me encuentro en un gran dilema:

¿Cómo salvaguardar a mi familia sin que se detenga el éxito logrado ni mucho menos los éxitos futuros?

Fíjate bien, lector, si al lograr un éxito dejas de obtener otros más, entonces te vuelves alguien conformista, cuestión extremadamente peligrosa, porque eso es igual de mediocre que el escenario de nunca haber logrado nada. No quiero quedarme donde estoy, pero mi familia cada día requiere mayor atención; es decir, con los años llegan las graduaciones, las bodas, los eventos deportivos importantes, citas con profesores para revisar promedios deficientes de alguno de mis hijos y, bueno, una serie de eventos que constantemente debo atender y al mismo tiempo mi trabajo demanda mi enfoque por una cartera de clientes de casi doscientos contribuyentes donde debo estar al pendiente de que todos los procesos fluyan de tal manera que vayan acorde con las expectativas de los involucrados y así lograr recomendaciones de clientes actuales.

Es irónico que, a pesar de ser un camino largo, el tiempo parece acortarse cada vez más. Las semanas pasan sin darte cuenta y crees que lo que estás haciendo quizá no impactará en tu vida, pero ¡al contrario!, cada cosa que hagas repercutirá en algo, solo recuerda que entre más acelerada sea la decisión que tomes, el efecto será más inmediato y toma en cuenta que no todas las consecuencias podrían ser positivas, puesto que todas las cosas en la vida que tienen una repercusión beneficiosa requieren mucho tiempo dividido en trabajo, esfuerzo y dedicación; por ejemplo, para obtener un título profesional se requiere cursar de dos a tres años en preescolar, seis años en primaria, tres años en secundaria, tres años en preparatoria y de cuatro a cinco años en universidad (en promedio. Todo dependerá de la licenciatura que hayas elegido); estamos hablando de veinte a veintidós años de entrega únicamente a los estudios, convirtiendo todo ese proceso en uno de los primeros retos a los que deberás enfrentarte.

Ahora bien, lograr el éxito en un negocio es otro reto significativo considerando que dar vida a un negocio es equiparable a darle vida a un ser humano. Primero entra en gestación, luego nace con la apertura de clientes, después empieza a caminar poco a poco hasta que, al pasar de los años, cada día se desarrolla más y cuando por fin se gradúa con honores, quiere decir que ya inicia la generación de ganancias, momento justo para que comience la verdadera batalla. Aunque me consta que obtener el éxito puede ser fácil, también me consta que ser exitoso es completamente distinto o, en otras palabras, ser exitoso implica sostener tu negocio a lo largo del tiempo pese a todas las crisis que puedan presentarse.

Existen muchas definiciones de "éxito" que puedes encontrarlas en diversos libros, pero cada uno de nosotros es responsable de significar ese concepto y, desde mi perspectiva, al éxito lo podemos separar en dos partes: por un lado, es sustantivo y por otro lado, al derivar en la palabra "exitoso" se convierte en adjetivo; de tal forma que, se nota una diferencia más marcada donde, como lo dije en líneas previas, el calificativo conlleva a adoptar un modo de vida en el que todo se logra con base en perseverancia eterna, sin distracciones, con atención férrea hacia las desviaciones que siempre habrá en el camino, entre otras cosas de lucha constante.

Durante mi trayectoria de vida, posiblemente tengo cuarenta y cinco años trabajando sin exagerar, pues recuerdo que a los cinco años empecé a cuidar vacas en el rancho, acarreé pasto para los puercos, me encargué de los caballos, le ayudé a mi 'apá a ordeñar las vacas desde las 05:00 h, etcétera. Nunca he parado para preguntarme si valió la pena o no lo que hice, porque siempre he estado convencido de que todo lo que he hecho en mi vida ha tenido alguna razón, nada ha sido en vano. Desde niño aprendí la importancia de tomar decisiones. Tienes que hacerlo, no puedes quedarte pensando si lo harás bien o mal, sino que tienes que ejecutarlo para saberlo. El tiempo nunca se equivoca y estará a tu lado para decirte qué necesitas mejorar y en qué aspecto debes esforzarte más.

Retomando el tiempo actual —de mi infancia ya hablé en mi primer libro—, cuando ya tengo cierta estabilidad económica y una familia completa, vienen a mi mente recuerdos de personas que estuvieron a mi lado y no lograron sostenerse. Eso me causa temor y me hace pensar en qué hicieron mal e intento analizar sus inicios donde no tenían nada en comparación a la manera en la que yo lo hice; por tanto, me hace reflexionar acerca de lo que he vivido para llegar al lugar en el que estoy, ver los posibles escenarios de este viaje que todos hacemos desde que nacemos hasta que morimos (cuna y tumba), hacer una pausa con el propósito de ver qué debo hacer para alcanzar el sitio al que deseo ir antes de llegar al punto final de mi vida, ese que concluye tu paso sin avisarte, sin preguntarte si estás preparado o si tienes algún pendiente aún por resolver; simplemente llega. Ante esto, es necesario tratar de llevar una vida ordenada y la huella que dejarás será lo suficientemente visible como para que tu legado permanezca en tu descendencia por generaciones.

Derivado de los pensamientos anteriores, he separado cada uno de los posibles contextos que tenemos los seres humanos con el objetivo de que identifiques dónde estás tú, hacia dónde quieres llegar, qué tienes que hacer para lograrlo y con quiénes deseas compartir aquel viaje, cuya duración y destino nadie conoce, pero está la certeza de que inevitablemente existe un final.

No obstante, hay algo elemental que tienes que considerar: el tiempo nunca para, por lo que es fundamental estar consciente y despierto(a). No desaproveches ningún segundo de tu vida, porque segundo no aprovechado es segundo no recuperado. Al tiempo desperdiciado no hay forma de rescatarlo. Podrás hacer distintas cosas con los lapsos que vayas organizando, pero lo transcurrido no vuelve. El tiempo no espera a nadie.

INTRODUCCIÓN

Este libro se basará en los distintos escenarios que forman parte de todas las personas que pasamos por este mundo y por este camino al que llamamos vida, al que medimos en años y a su vez en meses, en semanas, en días, en horas que se fraccionan en minutos y luego en segundos que también se fragmentan, pero hasta ahí me parece prudente parar.

Identifica cómo ha sido tu recorrido, en qué punto te gustaría terminar tu viaje que, sin duda, deberá ser el que más te guste. Es así como ejemplificaré todo ese trayecto con la imagen del tren, ese medio de transporte tan común en la mayoría de los países, con sus estaciones y sus diferentes clasificaciones. Pudo haber sido un auto, un caballo, un avión o cualquier otro tipo de transporte, pero decidí que desde el origen de la palabra ya se vislumbraba que era la metáfora idónea que deseaba utilizar para ti. Verás, desde siglos atrás, la raíz de "tren" deriva de *traíner* que significa "lo que se arrastra", "al paso" o "marcha". Ese conjunto de conceptos es lo que hacemos todos los días desde que despertamos, damos un paso y luego el otro hasta crear esa marcha con una maquinaria difícil de comprender, pero perfecta y que, al pasar por estaciones —no solo de lugar, sino literalmente de tiempo—, nos permite experimentar paisajes preciosos, tranquilos, complejos, tortuosos, entre muchos otros tipos, para que vagón tras vagón, parada tras parada, podamos ver la vida con madurez, sepamos discernir, tomar decisiones y seguir así hasta vivir en plenitud.

He clasificado una variedad de trenes con el propósito de darte un panorama general y que puedas identificar con mayor facilidad en cuáles has viajado, en cuál te ubicas y en cuál te gustaría viajar.

16

1. Tren desconocido.
2. Tren carguero.
3. Tren nuevecito.
4. Tren hueco
5. Tren descarrilado.
6. Locomotora.
7. Tren viajero.
8. Tren místico.

TREN DESCONOCIDO

¿AÚN NO ME HE SUBIDO AL TREN O NO SÉ QUE YA ESTOY ARRIBA DE UNO?

El tiempo no para

Algunos posiblemente pensamos que todavía no hemos subido a ningún tipo de tren o ni siquiera sabemos que ya estamos en uno, porque sentimos que su curso es tan lento que nos da igual saberlo. Puede ser que sea un tren tan abarrotado de personas que no las identificamos —tal vez estén igual de distraídas que nosotros—; en fin, el punto es que nos percatemos o no, el tren se mueve y tiene un destino definido. Aquellos pasajeros que se propongan cambiar de tren pueden lograrlo o mínimo hay algo seguro para todos y me refiero a abordar el tren místico, ese que no tiene retorno y al que, sin excepción alguna, llegaremos. No ahondaré mucho en ello, puesto que lo desarrollaré posteriormente, pero sí puedo adelantar que persona que sube a ese tren, perderá toda oportunidad de subir a cualquier otro.

En el recorrido de nuestra vida, siempre debemos saber dónde estamos parados, de dónde venimos para saber hacia dónde vamos, cómo nos vemos en nuestra vejez, etcétera; es muy importante hacer este tipo de reflexiones para ubicarnos en el tiempo y proyectarnos lo más que podamos. Recuerdo que, hace más de diez años, en una clase de Programación Neurolingüística, la psicóloga Mónica G. (a quien aprecio mucho) estaba impartiendo una capacitación acerca de cómo conectar con las personas, así que nos pidió que cerráramos los ojos, nos visualizáramos en un teatro, nos viéramos sentados en una butaca y disfrutáramos la puesta en escena donde éramos los actores principales. Teníamos que fijarnos bien en todos los detalles para que le platicáramos cómo terminaba la obra, cuál había sido el desenlace que habíamos creado en nuestras mentes.

Después hizo una dinámica en la que debíamos comentarle cómo nos habíamos visto ante la caída del telón. Muchos de los participantes estábamos atónitos. En verdad, pocas veces visualizamos la manera en la que seremos cuando lleguemos a la vejez —no todos lo hacen y solo Dios o en lo que creas y tengas fe sabrá hasta qué punto alcanzaremos, pero soñar no cuesta—, esa es la parte delicada del asunto. Si vamos por la vida sin ton ni son, será difícil que dejemos huella cuando la obra termine.

En aquella ocasión me vi en ese escenario como un hombre adulto, rodeado de mis tres hijas y mi hijo Diego (todos adultos), con mis nietos, yernos, nuera y, claro, acompañado de Liliana, mi esposa; estaba sonriente, con el reflejo del triunfo en mi mirada como diciendo "Gracias, Dios, por las bendiciones recibidas. Desde que nací aquí estoy dispuesto a tu llamado cuando así lo dispongas".

Esa proyección me hizo dar el siguiente paso y pensé en qué tenía que hacer para lograr aquello que había visualizado. A partir de ese día me mentalicé y me convencí que tenía que trabajar día a día en el presente, porque el pasado, aún cuando ya no estaba en mis manos, es indispensable para saber y conocer sobre nuestro origen siendo una gran referencia, pero eso no determinará nada respecto a lo que queramos construir y el alcance de nuestros sueños. En cambio, el futuro aparenta que llega de inmediato y se disfraza de presente, literalmente el segundo siguiente al momento que estamos viviendo se convierte en aquel tiempo venidero; pero eso sí, todos los tiempos están conectados, por lo que siempre tenemos que aprender a administrarlo y saber cómo invertirlo inteligentemente, pues, en consecuencia, desearemos recibir buenos resultados de lo que hagamos.

En introspección respecto al ejercicio realizado con Mónica, pensé que mucho sobre lo que en aquel entonces había sido mi vida aún no tenía una finalidad establecida; solo trabajaba porque debía hacerlo, sin un propósito que me sirviera de eje para descargar todas mis energías. Iba y venía de la oficina, no tenía un plan que me permitiera lograr lo que ideé en aquel teatro, de tal manera que es el momento exacto en el que te sientes desubicado, como si no tuvieras una brújula, como el marinero en altamar que no tiene rumbo. A mi parecer, es ahí cuando nos ubicamos en el **tren desconocido**.

Dentro de ese vagón, no tenemos idea hacia dónde vamos ni qué estamos haciendo ni si lo estamos haciendo bien o mal. Trabajamos por la responsabilidad que adquirimos al sostener económicamente a una familia u otros ocuparán sus recursos financieros para llevar a la novia de paseo durante un fin de semana, pago de colegiaturas, viajes, entre otras cosas, pero nunca concientizamos que el tiempo está pasando, sin esperar a nadie; ese tictac del reloj se convierte en ese tren que avanza a pasos agigantados hasta que te posiciona en una edad mayor sin pena ni gloria, mirando hacia atrás y dándote cuenta que no dejaste huella alguna.

En el momento en el que nuestra mente se abre y sientes cómo te ha agitado la realidad de ese vagón, entonces comienza la transformación de tu pensamiento, te pones las pilas y elaboras tu plan de vida para verte como lo hiciste en ese teatro o, en mi caso, verme sonriente, orgulloso y pleno con mi familia. No obstante, si jamás despiertas, sucederá lo contrario, es decir, viajarás sin rumbo, con pasajeros conformistas, flojos y apáticos que inevitablemente te arrastrarán y no tendrás la capacidad de darte cuenta ni mucho menos de salir. Si me hubiera pasado eso, ten la seguridad de que sería un hombre triste, acabado, con una familia que se hubiera alejado de mí, divorciado, vicioso, solo, sin la bondad del tiempo a mi favor y sin opciones de hacer grandes cosas.

Ese ejercicio y todas las reflexiones que desencadenó, me sirvieron para alistar mi descenso del tren desconocido y comenzar a elaborar un plan a futuro que me otorgara un nuevo boleto hacia el tren de vida —del que hablaré más adelante—; de tal manera que ahora estoy escribiendo estas páginas que sin lugar a duda serán tu guía para identificar cuál es tu posición ahora con la edad que tienes y cuáles serán las direcciones que debes seguir para continuar el trayecto hacia el cumplimento de tus metas y objetivos, tomando en cuenta que te cruzarás con el siguiente tren que requiere mucho sacrificio, con el que deberás ser muy cuidadoso(a), pues te expone dos escenarios y solo tú sabrás cuál es la mejor decisión ante tal realidad.

2

TREN CARGUERO

Respiraré profundamente para empezar a escribir. Muchas personas lo han transportado, incluso, es probable que haya estado en él. Este tren tiene tanta carga en sus vagones que le dificulta avanzar con rapidez. Los viajeros adjudican tanto peso en sus hombros que eso les impide visualizar un futuro mejor. A veces es tanta la carga emocional o material que llevan consigo que les nubla la oportunidad de identificar opciones de cambio, es tanta la responsabilidad que tienen con los demás que se enfocan en sacarlas adelante, en consecuencia, cumplen con pasión ciega todas sus tareas, cuestión que es digna de aplaudirse, porque hacen todo lo mejor posible para evitar fallas y el resultado, para pocas o muchas personas, suele verse reflejado en recompensas ante sus sacrificios por ejecutar aquellas "cargas" y se convierten en grandes empresarios, extraordinarios profesionistas, multipremiados deportistas, etcétera.

Debe ser gratificante vivir la culminación de su esfuerzo en cualquier tipo de triunfo, ya que garantizaría el cambio de tren a su elección, por ejemplo, podrían viajar dentro de una fuerte locomotora, con grandes maquinarias o podrían estar dentro de un cómodo tren viajero, con todas las comodidades. Cualquier opción les aseguraría la llegada al tren místico donde portarán una estrella de mentor y cuidador de "carga" que, en un inicio, parecía penitencia, pero que, con el paso del tiempo, se convirtió en el trampolín para transportarse en otro tren de vida.

Pero ¿qué pasa cuando esa(s) carga(s) no te permite(n) abordar el tren místico con recompensas positivas?, ¿qué pasa cuando estas personas que van en el tren carguero abordan el tren místico únicamente con el cansancio que le dejó cada uno de los sacrificios que hizo sin obtener ninguna recompensa material?, ¿consideras que es un reto responder alguna de las preguntas anteriores de acuerdo con tus vivencias y experiencias?

Estoy cien por ciento seguro que te ha tocado ver este tren de vida donde personas con grandes cualidades y magníficos talentos entregaron toda su existencia a las responsabilidades adjudicadas que le impidieron tener otro estilo de vida. A continuación, narraré mi testimonio dividido en dos partes: por un lado, hablaré de personas con "cargas", pero que triunfaron y, por otro lado, hablaré de personas con "cargas" que vivieron todo lo contrario y jamás disfrutaron logros materiales en este mundo, aunque, posiblemente en el otro mundo sí. La gloria eterna los estaría esperando al igual que a todos los demás, pues ésta tiene una puerta espiritual para cada uno, en especial, para aquellos que cumplieron la encomienda de dar bondad sin esperar nada a cambio.

Testimonio parte I: los recompensados

Todos conocemos por lo menos a alguien que al final de su largo camino y del cambio de vagón, triunfó; a alguien que con mucho empeño y esfuerzo sacó adelante a su familia y vio a su hijo(a) graduarse, conseguir un buen empleo y, en consecuencia, que les diera una vida de rey o reina.

Al respecto, te platicaré de alguien y esta historia comienza así: nací en una familia humilde en toda la extensión de la palabra. En casa de mis padres no había ningún tipo de servicio por más básico que fuera. No teníamos luz eléctrica ni drenaje y, a decir verdad, tampoco tenía la estructura de una casa, pues vivíamos en un toldo hecho de tierra y ramas.

Vivía con mis cinco hermanas y mis cuatro hermanos y todos comíamos como lo hacen los náufragos. Mi papá y mi mamá tenían pocos estudios, sin embargo, debo ser honesto y aclarar que mi papá falleció sin haber sabido ni leer ni escribir, pero mi mamá, aunque no terminó de cursar la primaria, sí escribía y leía lo suficiente como para darse a entender por escrito.

Ellos siempre viajaron en el tren carguero, siempre "cargando" con nosotros, pero al final, antes de subirse al tren místico, lograron cambiar de vagón. Fue por poco tiempo, pero gozaron viajar dentro de un tren locomotora al atestiguar cómo uno de sus diez hijos salió adelante en el aspecto económico, pues en el ámbito emocional todos fuimos y somos muy plenos. Desgraciadamente no todos tuvimos las condiciones para crecer en la cuestión financiera al mismo tiempo, pero a algunos (entre ellos yo), al pasar de los años, pudimos lograrlo y darles la oportunidad de terminar sus días en una casa completamente acondicionada para que no sufrieran calor y se olvidaran de volver a dirigirse hacia una letrina, ya que se instaló un sistema de drenaje lo suficientemente bueno como para cubrir sus necesidades y, en general, tenían un hogar con todas las comodidades que se merecían.

No sé si ellos esperaban algo así. No puedo hablar de lo que pensaron ni de lo que sentían, porque eso lo sabrá a ciencia cierta cada persona, pero al menos sí tengo la satisfacción de haberlos visto disfrutar de todo lo que he descrito, de haberlos ayudado antes de que transbordaran hacia el tren místico y se sintieran realizados y recompensados por las bondades recibidas de una de sus "cargas". Eso es algo maravilloso.

Como verás, lector, mi experiencia de vida es muy común, no tiene nada de especial, sin embargo, lo que sí la transforma en algo extraordinario es haberlo vivido, es haberlo sentido, es haber visto a mis padres felices antes de partir, su destino.

Testimonio parte II: los olvidados

Por desgracia, no siempre he sido testigo de finales felices, pero agradezco que no sea una experiencia personal lo que a continuación te relataré. La mayor parte de mi vida he conocido a personas que siempre viajaron con una carga tan pesada que hasta el último día, ya en el tren místico, murieron sin trascendencia alguna. Quizá tengan mayor posibilidad de gozar la gloria en el otro mundo por el sacrificio entregado en este plano terrenal.

He visto a personas entregadas a un familiar que tienen alguna discapacidad o que son de edad avanzada, sin opciones de que alguien más vea por ellos. Soy consciente que tanto en México como en otros países no existen suficientes centros de ayuda para personas en las condiciones anteriores y eso provoca que sus consanguíneos se hagan "cargo" de esa responsabilidad.

Generalmente, una vez que aquellos discapacitados, enfermos y personas de la tercera edad llegan a su próximo destino, ya arriba del tren místico, para quienes cuidaron y velaron por ellos, en la mayoría de las ocasiones, ya no tienen la opción de invertir tiempo en desarrollar un proyecto personal que les ayude a cambiar el tren de vida que hasta ese momento estuvieron experimentando; simplemente esperan la hora de la única opción que tienen: abordar el tren místico como el último paso de la monotonía que definió su existencia.

Por el contrario, en ciertas ocasiones, he estado cerca de personas con cualidades o aptitudes suficientes como para emprender un proyecto de vida que les ayude a superar las condiciones en las que viven, pero la responsabilidad de "hacerse cargo del otro" les impide ejecutar los cambios necesarios en un lapso determinado. No obstante, no quiero que se malinterprete lo que he narrado hasta ahora;

es decir, si tu felicidad es entregar tu vida por completo hacia quien lo necesita, podrás dejar este mundo con total plenitud, pues habrás cumplido tu cometido, pero si es lo contrario, entonces devienes en un ser frustrado, enojado, fracasado y solo. Todo depende de tu verdadera convicción.

Aplaudo y celebro fervientemente la lucha de quienes les ha tocado vivir esto y no sucumben ante las tentaciones ni materiales ni emocionales que se cruzan en sus caminos. Y aplaudo aún con mayor éxtasis a aquellos que, pese a las condiciones de "cargar" diversas responsabilidades en sus hombros, logran superar todos los obstáculos y se convierten en ejemplos de motivación para muchos otros. Seamos como ellos solo por unos segundos. Seamos la diferencia entre todos los que se quejan. Superemos los retos que se nos pongan enfrente hasta que podamos decir: "¡llegué al tren místico consagrado a mis metas y a mis objetivos!", "¡logré todo en esta vida!".

3

TREN NUEVECITO

Mi transporte actual

Transporte modelo 2018, todavía no se ajusta a una locomotora, aquí hay pasajeros que ya han estado en otros vagones, con grandes experiencias que han sido el resultado de sus numerosos viajes; hay muchos más jóvenes que yo y muy pocos mayores a mí. En definitiva, me subí a un tren del que me siento afortunado. Los pasajeros en variedad son muy nobles, en cada plática y convivencia me he dado cuenta de la formación y la educación que los caracteriza, puesto que siempre me enseñan cosas nuevas y el aprendizaje nunca se acaba. Es muy agradable estar con ellos(as).

He conocido a los(as) operadores(as) de las locomotoras que dan el mantenimiento adecuado a los motores (cerebros), a especialistas de alto perfil que cualquier pregunta es respondida sin importar el tema en cuestión, pero eso sí, lo magnífico es que antes de que articularas la interrogante, ya sabían tanto una cosa como la otra.

Sus asientos son suaves. Estoy muy contento en todo aspecto, pero sé que esto solo es por un lapso, pues mi proyecto de vida verdadero es estar dentro de una locomotora donde viaje seguro y placenteramente, con todas las comodidades habidas y por haber y que permita dar a los demás; es decir, un transporte que te haga sentir que viniste a esta vida a servir, a ayudar y a dejar huellas positivas en cada dirección por la que caminaste, de tal manera que, cuando subas al tren místico del que tanto hemos hablado, tendrás la oportunidad de reflexionar, dar una bocanada de aire y que se te enchine la piel por estar consciente de que hiciste todo lo que estuvo a tu alcance para ayudar y ofrecer a los demás. Sin dudarlo, tu familia se reunirá y tendrá los recuerdos más lindos de tu paseo por esta Tierra.

Sé que aún me queda mucho trabajo por hacer, pero me esforzaré, seré perseverante y solo Dios —puedes colocar a la deidad o tu ideología personal— sabrá si lo lograré o no. Con estos años que tengo, he sabido valorar las cosas que he obtenido y, aunque no ha sido mucho, como lo he dicho antes, con ello he vivido tranquilo, en un ambiente amoroso y con el bienestar material idóneo que, en conjunto, me hace pensar:

> **¿Qué es lo que debo hacer para subirme al tren que me otorgará la tranquilidad máxima y la certeza de que viví dignamente para mi familia, mis amigos y la sociedad con la que conviví día a día?**

Es imprescindible cavilar periódicamente qué estoy haciendo bien, qué me falta hacer, dónde debo detenerme, pero sobre todo, reconocer con sensibilidad honesta qué debo cambiar, cómo debo redireccionarme o cómo vuelvo a encaminarme hacia el rumbo deseado.

Todo es cuestión de trabajo, de perseverancia, es lograble y no habrá nada que no puedas hacer si te lo propones; sin embargo, hay algo elemental de lo que debes estar más que consciente: el tiempo nunca para y no espera a nadie, así que es menester que aproveches cada segundo. Ten en mente que en el tren místico es el único lugar donde el tiempo no existe, simplemente desaparece y se te habrán acabado las oportunidades, así que, mientras sigas vivo y en otros vagones, nunca será tarde para hacer algo. Si quieres estudiar y tienes cincuenta años, ¡hazlo! Recuerda que sin ti solo quedará en este mundo lo que dejaste, cuánto trabajaste y cuáles fueron tus recompensas. Como diría un conocido "¡ahí está el detalle!".

Estar en este tren ha representado una historia de retos constantes, porque a lo largo de mi camino he requerido desarrollar la capacidad de enfrentar los problemas. No faltan en la vida y hay que saber cómo solucionarlos. Ante eso, mi lema siempre ha sido:

> **El problema no es tener problemas.
> El problema es cómo
> resolver esos problemas.**

Cada vez que logres hacerlo y salgas adelante de un tropiezo, adquirirás una nueva experiencia que te ayudará a fortalecerte más. A partir de ese momento no habrá ningún obstáculo, por más complejo que sea, que detenga tus propósitos, por lo que también es necesario que fortalezcas tu mente y concientices que no todas las problemáticas se resolverán de forma positiva, pues habrá situaciones que salgan de nuestro control y algunas ocasiones tendremos que ceder y pensar de qué manera salir victorioso en un caso parecido a ese.

Desde mi experiencia, algo que me ha ayudado mucho a superar los problemas ha sido la cualidad de la prevención; por ejemplo, es muy fácil saber qué se tiene que hacer para que un automóvil no se quede sin gasolina. Para eso debes monitorear constantemente el marcador del combustible para que, cuando esté abajo, puedas volver a llenarlo. Ahora bien, ¿qué pasa cuando no comes en tu horario habitual? Lógicamente tendrás problemas de salud por causa del desorden alimenticio que llevas.

¿Lo ves, lector? Hay mucho ejemplos que demuestran que si siempre tratamos de prevenir diversos tipos de inconvenientes, cuando se presenten, tendremos algunas ventajas a nuestro favor que serán claves para solucionarlos sin mayor dificultad; pero si por el contrario, somos desordenados y descuidados, por lógica, el riesgo a fallar estará latente aún más cuando el contratiempo sea más grande o complicado.

4

TREN HUECO

Mira por la ventana. ¿Lo ve? ¡Va que vuela! Nunca subestimes la velocidad de una maquinaria como aquella. Es correcto. Hay personas que decidieron viajar en un transporte más rápido en comparación con el que estoy, pero, a pesar de eso, me he percatado que algunos deambulan en los vagones, van solos, se les nota la frustración en su rostro, sus familias están en otros trenes y, a veces, caminan en sentido contrario.

Ese transporte es más veloz y más lujoso, pero ¿por qué se sienten incompletos?, ¿será acaso porque sus familias no están con ellos? Si lo pienso por unos instantes, aunque siga trabajando duro para transbordar en la locomotora con la que tanto sueño o en el tren viajero por el que tanto aspiro, eso no sería motivo para descuidar al núcleo que más amo: justamente mi familia. Es algo indispensable, pues a mis hijos debo y quiero darles una formación integral que surja con el ejemplo de vida que llevamos sus padres, darles lo necesario para que sus estudios universitarios sean de calidad a tal grado que los ayuden a emprender negocios propios o a desarrollar la actividad que más les apasione con el objetivo de que nunca les falte trabajo y que todo lo realicen con gusto. ¿Comprendes, lector, la razón por la que no deseo viajar en este tren?

Imagina vivir todos los placeres y las bondades que la vida podría ofrecerte, pero la única condición es que estuvieras solo.

> **¿Qué sentido tendría hacerlo así?, ¿dónde quedaría la familia?, ¿para qué tanto esfuerzo si no tienes con quién(es) compartir los frutos de tu siembra y cosecha?, ¿a quién le dejarás tu legado?, ¿qué permanecerá de ti cuando estés en el tren místico?, ¿qué quedaría de ti para la posteridad?, ¿quién(es) se acordará(n) de ti?, ¿quién(es) agradecerá(n) por lo que hiciste?, ¿cuál será el mensaje en tu epitafio?**

En definitiva es difícil para mí imaginar que llegue a un éxito subjetivo donde no haya nadie con quien gozarlo ni dedicarlo ni heredarlo. Morirías y moriría tu recuerdo, tu legado; es decir, lo que hiciste se iría contigo y en tu camino no se verían reflejadas las huellas de tus zapatos o de tus pies descalzos si en ocasiones así te tocó caminar. Por eso, hay que tener mucho cuidado de no subir a este tren por la ceguera que cause la ambición y la avaricia en un inicio, porque solo muestra un gancho que después te aísla por completo y te deja más vacío que cualquier pozo. Si ya estás dentro y hay una primera estación, sal de ahí, cambia de tren y si eso implica volver a empezar, hazlo, pero tendrás a alguien a tu lado.

La ansiedad por triunfar a toda costa no puede ser el veneno que carcoma nuestros ojos, porque pagaríamos un alto precio que involucraría la pérdida de nuestra familia. Las tentaciones serán muchas, porque cuando te identifican un talento, rápidamente te ofrecen más de una oportunidad laboral que te proyecta una falsa expectativa de acortar un camino largo y llegar más apresurado(a) al éxito que buscas con apetito voraz en el que te encontrarás con materialidades que te harán dudar si optar por un buen camino o por ese en el que todo, tarde o temprano, se disolverá como la espuma o te dejará solo(a).

Al crecer, nuestras necesidades también crecen y eso nos hace más vulnerables a caer en deslumbramientos negativos desde una corta edad. He visto a compañeros y colegas que se han dejado llevar por el dinero fácil y a edades de veinticinco años ya están implicados en problemas legales, porque deben responder ante la justicia por sus irresponsabilidades.

Hay que cuidar el tesoro más grande que no se compara con ningún tipo de riqueza. Jamás olvides que la unión fraternal con nuestros seres queridos debe estar sobre todas las cosas. No obstante, así como todo en esta vida, el exceso es perjudicial, ya que el amor hacia los nuestros no debe convertirse en un pretexto para no conseguir el triunfo; por ejemplo, "me la pasé cuidando a mis hijos(as), por eso dejé ir tal o cual oportunidad o tal cual opción de crecimiento", "es que a mi esposa no le gustó vivir en la ciudad donde me pedían trasladarme para adquirir un puesto mejor en mi trabajo", entre muchas otras justificaciones absurdas.

El hecho de cambiar de vagón y subir al que más deseamos, requerirá de mucho trabajo y dedicación, factores que la mayoría no soportan; sin embargo, el éxito sólido que te conducirá hacia el tren místico después de que hayas dejado un extraordinario legado, requiere sí o sí de tiempo. Pero más allá de eso, lo que, desde mi perspectiva, es lo más significativo es que vayamos acompañados(as) de todos los que amamos, nunca solos, porque el tren es hueco, porque nuestra alma así le da el nombre. Por tanto, démosle tiempo al tiempo y obtengamos lo que más nos haga feliz, pero sabiendo y nunca poniendo en tela de juicio que la familia estará a nuestro lado.

5

TREN DESCARRILADO

Esta clasificación fue uno de los motivos principales por los que decidí escribir estas páginas. A decir verdad, representa uno de los grandes temores de mi vida. En este tren se juntan aquellos viajeros que tienen las mismas características que a continuación te expondré: durante los años que tengo me he rodeado de todo tipo de amistades; por ejemplo, he tenido amigos muy exitosos, con una crecimiento exponencial dentro de sus trabajos, muy seguros de sí mismos, rodeados de preciosas familias; en fin, no había motivo, a primera vista, que te hiciera pensar que en algo les iba mal.

De repente, el día menos pensado, los veía caminar en la calle con la mirada devastada, no tenían algún rumbo fijo, estaban completamente desviados de sus objetivos hasta que me enteraba de que habían perdido sus bienes, sus matrimonios, tenían problemas financieros, pero sobre todo, habían perdido algo elemental: la confianza tanto de amigos como de clientes que los acompañaban en sus escenarios anteriores.

La confianza es clave para salir adelante. Puedes tener mucha experiencia en los negocios y habrá algunos con los que no obtengas los resultados esperados —nunca los clasificaré como fracasos—, pero si las personas siguen confiando en ti, entonces seguirás manteniendo puertas abiertas para intentar las veces que sean necesarias hasta lograr los resultados que deseabas o, incluso, mejores. En cambio, sin confianza, no tienes nada. Mi madre decía que la confianza se logra día con día y con un chasquido puedes perderla. Así de inmediato se arruina todo.

> **¿Cuál fue su error?, ¿qué hicieron mal?, ¿por qué no pudieron sostenerse en este viaje? —el éxito no es un destino seguro, sino un viaje eterno—, ¿qué debo preveer para que el tren que abordé no me tire?, ¿qué precauciones debo tomar para que no me suceda lo mismo que a ellos?**

Ahora bien, la confianza no solo puedes perderla con y hacia los demás, sino contigo mismo que es aún peor. Cuando sucede, es muy difícil que se recuperen de un destino fatal, porque justo ahí llegan los malos hábitos y los vicios como el alcoholismo, la drogadicción, la mitomanía, el egocentrismo, la vanidad y muchos más que se convierten en un refugio fantasioso que en realidad son preámbulo de la tumba que vamos cavando.

Sin darnos cuenta, el tren ha comenzado a descarrilarse y por su velocidad y peso, la mayoría de las veces es muy difícil detener hasta que, casi siempre, termina en tragedia, porque ya no hay nada que salvar o si pueden salvarse objetos, eso no sirve si por causa del bestial ajetreo, pierdes la vida. En ese momento no hay esperanza de nada, de tal forma que es importante revisar cada día lo que haces para lograr la estabilidad en tu vida. Haz un autoanálisis y cuestiónate si tu tren requiere mantenimiento y revisa las vías (guías por donde estás avanzando), ya que si cuidas el camino, prevendrás un accidente, cuyas consecuencias podrían ser deplorables y acabarían con tus sueños hasta darte una muerte en vida.

Con todo lo expuesto, no eches en saco roto la utilidad de la autorreflexión. No hay minuto que no te permita redireccionar y evitar rupturas invertibles con tu familia, tus amigos, tus compañeros de trabajo y con todo lo que, de alguna u otra manera, también te hacen ser quién eres.

(¿Qué medidas debemos tomar en cuenta además de los consejos que has leído hasta ahora?)

Cuando llegas a la cumbre del éxito, estás muy propenso(a) a desviarte fácilmente y a tomar decisiones que provocarán aquel descarrilamiento del que hemos hablado, por ejemplo, las egocéntricas, las materialistas, las que cultivan las apariencias, las competitivas y de las que se derivan las mentiras, puesto que nos apasionamos tanto por quedar bien con los demás, que emulamos ser el / la que más tiene, de tal manera que te preocupas mucho por tu vestimenta, tu calzado, tu perfil de "persona más influyente", de quién tiene los(as) mejores amigos(as), del que piensa que todo lo puede (aunque no puedas con casi nada), entre muchas cosas más.

Todas esas malas decisiones te alejarán de lo que realmente te llevó al éxito, es decir, de aquella(s) persona(s) que confiaron en ti y viceversa, de la sencillez que te rodeaba y que aprendiste a lo largo del tiempo, tu entrega, tu trabajo, entre tantas cualidades que formaron a la gran persona en la que te convertiste, pero que, por desgracia, hizo una parada hacia un mundo de espejismos. No permitas que eso marque la diferencia de lo que es y pudo haber sido el preámbulo de tu último viaje en el tren místico donde solo resta el punto final.

6

LOCOMOTORA

El paso del tren representa el tiempo que las locomotoras van dividiendo en forma implacable en el pueblo natal que atraviesan por la mitad. Alguna vez correrá un último tren, pensaba yo, cuál será ese último tren, así como tantas veces pienso quién pronunciará por última vez mi nombre, quién leerá por última vez un poema mío.

—Jorge Teillier

¡Allá va! ¡Allá va ese otro grupo! Están en un tren que va veloz, pero moderadamente. Por dentro, se sabe por boca de muchos que es placentero, seguro, donde se goza de todas las comodidades que podría otorgarte la vida. ¿Sabes quiénes son esos pasajeros de los que hablo? Empresarios de segunda generación o tercera generación. Los caracteriza una solidez impresionante. Han dedicado su vida entera a generar riqueza en su totalidad, es decir, riqueza hacia sus trabajadores, hacia sus proveedores, hacia el gobierno al pagar sus impuestos; en fin, han logrado todo un ecosistema de bienestar y capitalización para ellos mismos y para quienes los rodean. Como fuentes de todo eso, es difícil que se descarrilen más no imposible, porque ha habido casos, solo que las posibilidades de que eso suceda son menores. Sin duda, este es uno de mis objetivos: viajar en un tren de vida fuerte, plácido y seguro. Sé que con los años escribiré mis experiencias cuando forme parte de ese grupo de pasajeros.

Será espléndido llegar a la vejez y voltear hacia atrás para ver el camino recorrido con todos los esfuerzos realizados que implicó llegar y abordar esta locomotora. Estaré acompañado de mi esposa, de mis hijas, de mi hijo y de toda su descendencia que, por supuesto, también será la mía. Les platicaré mis aventuras a mis nietos y les contaré cómo era mi 'apá y mi 'amá. ¡Qué suaves pláticas tendremos!

Muchos nos preguntamos ¿cómo le hicieron esos pasajeros para estar en ese tren tan confortable, en el que viajas con una tranquilidad que te asegura que todo lo que hiciste ha rendido frutos, que esos días incansables de trabajo y de estudio valieron la pena y que todo sacrificio realizado tuvo un objetivo cumplido? Pero no solo eso, sino que, adicional a estas interrogantes, nos percatemos que ese tren andará por vías que dejaste hechas para que justamente sea tu descendencia quien las goce igual o más que tú.

¿Te imaginas eso? Cuando llegues al fin de tu trayecto, a la última estación, voltearás y verás dónde iniciaste, cuántos vagos subiste y bajaste y qué cambios hiciste para trasbordar de uno a otro. Es así como habrás dejado toda una bitácora de viaje para tus seres queridos y serán responsables de, con esa base, lograr sus propios destinos con el *ticket* que tú les dejaste y que ellos le dejarán a quienes los procedan.

> **¿Cuáles serán los secretos para llegar a estos vagones de la locomotora?, ¿qué tenemos que hacer o qué tenemos que construir para estar ahí?, ¿cuál será nuestro trabajo a realizar para que, una vez estando ahí, no volvamos a bajar?**

Para mí, una parte fundamental es que lo que hagamos deberá tener una solidez absoluta con la finalidad de que sea inquebrantable a la hora de enfrentar situaciones como las siguientes:

● **Situaciones naturales**

Engloban cualquier fenómeno como lluvias, terremotos, tempestades, nevadas, fríos, calores, etcétera. Si estamos dentro de un tren viajero y nos enfrentamos a este tipo de situaciones, tendremos la habilidad de frenar, de protegernos con el techo del vagón, refrigerar los vagones; ante cualquier suceso natural que se nos presente, tendremos los elementos necesarios para salir adelante y no rendirnos ni descarrilarnos, pero sí hacer una pausa, reflexionar y, una vez que haya pasado algún fenómeno natural, podremos seguir con nuestro camino, con ese *confort* y esa seguridad que nos da un tren de ese calibre.

● **Relaciones humanas**

Hablar de situaciones humanas es hablar de nuestra relación con los demás. Es estar atentos a siempre corresponder con los valores, la educación y todos los elementos morales y éticos que nuestros padres nos inculcaron desde nuestra infancia, para evitar ser parte de calumnias que dañen nuestra imagen con los demás. En lugar de ello, es mucho mejor referirnos y comunicarnos con propiedad hacia los demás. Vivimos en un mundo donde las relaciones humanas son elementales para salir adelante y triunfar en nuestras vidas.

● **Situaciones divinas**

Lo divino es uno de los puentes más importantes que construye el ser humano. Esa conexión con Dios (o con la deidad en la que tú creas) es la fuerza que tienes o que se te da para que aún en los problemas más difíciles salgas adelante exitoso(a). Personalmente no concibo un mundo sin Dios o sin ese ser que te proporciona esa fuerza indescriptible que, cuando tienes problemas, la usas y te garantiza que todo saldrá bien. Adicional a ello, también es tu consejero, es quien te dice qué camino debes seguir y qué tienes que hacer; nunca te deja solo y ve por tu bienestar y el de los demás.

¿Qué pasa cuando te alejas de Dios? Es el justo momento donde vienen los grandes problemas de tu vida, las malas decisiones y, por ende, nace la errónea determinación de cambiar de vagón hacia uno que te aleja de lo positivo para iniciar con tu cambio de vida y, por supuesto, de destino; por tanto, mientras sigas a ese ser, todo estará bien.

◆ Situaciones morales

La moral siempre viene acompañada de las buenas costumbres y los malos hábitos. Es la cara que tendrás ante los demás. La manera de conducirte en tu andar diario será la que te ha de dar esos elementos para que construyas tu destino, de tal forma que estas situaciones morales, al igual que muchas otras cosas que sí valen la pena, no tienen valor económico. Por el contrario, has de saber que si no tienes moral, construir tu destino no será fácil o no será reconocido como un éxito verdadero.

Recordemos que en esta reflexión que hacemos ahora acerca de los tipos de trenes de vida con los que nos hemos y seguiremos encontrando va encaminada a personas y familias de trabajos, profesiones y oficios que moralmente han sido reconocidas por la sociedad y por los gobiernos como núcleos decentes.

Existen otro tipo de éxitos que no van acorde con los dos grupos anteriores, pero que, los involucrados, sí pueden lograr sus objetivos, no obstante, no deseo contarlos en estas páginas, porque no son originadas ni consecuencias de buenos hábitos ni de buenas costumbres y es así como omitiré entrar en detalle respecto a acciones y oficios ilegales —¡hay muchos!

Aquí lo interesante es, como he mencionado a lo largo de este apartado, que tenemos que cuidar mucho nuestra moral y nuestras buenas costumbres para obtener confianza y estima totales tanto de la sociedad como de nuestros compañeros(as) de trabajo, pero sobre todo de nuestra familia que es la punta de lanza que nos impulsa a lograr lo que queremos en nuestra vida.

Con estos cuatro ejemplos podemos decir que si somos cuidadosos y aprendemos de ellos, entonces siempre estaremos en modo preventivo para enfrentar cualquier situación de la que salgamos adelante, siempre con la esperanza de llegar impecables a nuestro destino final.

7

TREN VIAJERO

Más adelante les platicaré un poco sobre mi descendencia (Alexandra, Diana, Karla, Diego y Liliana), pues son ellos los pasajeros con los que quisiera viajar toda mi vida. Quisiera que mi viaje antes del final de mi vida, antes de llegar al tren místico donde ya no hay opción de cambio fuera en el lindo tren viajero o en la locomotora, en ningún otro tren, ¡en estos meros!, porque cualquiera de los dos tiene las comodidades que hacen placentero un trayecto y así puedo asegurar que mi esposa y mis hijos disfrutarán de ese bienestar total que les otorgan.

En consecuencia, les hablaré un poco de la diferencia que veo entre la locomotora y el tren viajero:

● Locomotora

Así como lo expliqué en la introducción de este capítulo, lo clasifico como un medio de transporte muy seguro y muy fuerte en el que vas acompañado de toda tu descendencia, pero lo visualizo desplazándose únicamente dentro de mi país.

● Tren viajero

A diferencia de la locomotora, a este tren lo veo como la mejor opción para trasladarme de continente en continente, de país en país; posiblemente preguntarán por qué no lo clasifico como un avión, pero mi respuesta sería simple: todos mis ejemplos están basado en trenes de vida que cada uno lleva y transborda. De esto versa mi historia, de cómo queremos llegar a la última estación en la que, reitero, no hay opciones de cambio, no hay mañana, donde toca entregar el equipo. Toda tu vida llega a esa última estación. Cualquiera de las otras estaciones de transbordo durante nuestra vida tiene opción de corrección, revaluación y transformación.

Si no sabes en qué tren estás —tu "no saber" te posiciona en el tren desconocido—, si tu tren se descarrila, si andas en el tren carguero, si tu tren es nuevecito, si tu tren es el hueco o en cualquier vagón en el que andes, si tienes vida y tiempo, entonces puedes trabajar arduamente para que obtengas la opción de dejar un gran legado, de tal forma que llegarás a la última estación, subirás al tren místico y te sentirás pleno y digno por la vida que llevaste en la Tierra.

8

TREN MÍSTICO

Cuando toque subirnos a este tren, como ya lo saben si han llegado hasta aquí, queridos lectores, nadie se escapará de tener un asiento reservado aquí. Todos los que hemos viajado en los trenes anteriores tenemos que transbordar en este último tren al representar la etapa final de nuestras vidas, es decir, el momento único que nadie puede prever. Nadie.

Una vez ahí, vendrá un recuento de todo lo realizado en este lapso al que llamamos vida. En ese recuento vendrá a nuestra memoria los pasos que dimos desde que nacimos hasta que estamos a punto de morir, es decir, lo más importante y puedo testificarlo, porque, cuando tenía veintiocho años, tuve un duro accidente e inconscientemente repasé pasajes de mi infancia, anécdotas con mi papá y con mi mamá, vivencias con mi hija Alexandra que, en ese tiempo, tenía siete años; en fin, una serie de hechos que los reviví en ese intervalo de una manera muy rápida.

Y esto es solo un detalle de muchos, puesto que cabe mencionar otra cosa más. Una vez arriba, no sabemos si todos iremos al mismo lugar. Puede haber dos o tres destinos hacia donde se dirigirá. Uno pudiera ser el Paraíso —ahí quisiéramos llegar todos—, otro pudiera ser aquel rincón donde se escucha el llanto y el crujir de dientes, es decir, el Infierno —nadie o, al menos, no la mayoría, quisiera parar ahí—, o pudiera ser a un lugar intermedio al que llamamos Purgatorio. No sabemos qué pasará después de la despedida final, pero ninguno de nosotros desea dirigirse a un destino donde solo hay lamentaciones.

A ciencia cierta no sabemos si realmente existen esas paradas. Es un tema complicado. En mi caso, que soy un hombre religioso y creo en un solo Dios todopoderoso, para mí existe el Paraíso, pero puede que algún lector piense diferente y, a partir de su ideología, afirme que no existe ni el Paraíso ni el Infierno ni el Purgatorio, cuestión y apreciación válida, pero lo que sí es real es que en esta vida, lo que hagamos, quedará grabado en la mente de nuestros seres queridos y de las personas que nos conocieron. Será inevitable. No hay manera de dudar respecto a que todos nos recordarán según la forma en cómo nos desarrollamos y vivimos.

En muchos casos, algunas personas de tres o cuatro generaciones atrás quedan en el olvido, porque no hicieron mucho para ser recordadas. Simplemente su recuerdo se va desvaneciendo con el tiempo, no hay nada que hayan dejado para que su legado los mantuviera vivos(as) aún después de muertos(as). En cambio, hay personas que estuvieron en este mundo y que, pese a los muchos o miles de años, sus recuerdos siguen tan presentes como si hubieran fallecido la semana pasada; por ejemplo, grandes pensadores, filósofos, matemáticos y, claro, también a quienes se encargaron de ser nocivos para la humanidad. En fin, hay un sinnúmero de rostros que se rememoran tanto por lo bueno que hicieron y que dejaron como por lo malo y lo triste que representaron sus acciones negativas que perjudicaron en su tiempo.

¿Recuerdas que, al inicio del libro, te comentaba acerca de la experiencia que tuve con mi amiga, la psicóloga, Mónica Gudiño, donde nos imaginábamos como los protagonistas y al mismo tiempo como espectadores?, ¿recuerdas cómo te decía que cada uno de nosotros se había visto de manera diferente y que cuando caía el telón, me veía anciano, con mis tres hijas, mi hijo, mi esposa, mis nietos(as) y toda mi descendencia, con una vida tranquila, pacífica y rodeado de amor por todo lo que había hecho para dejarles un legado que les sirviera como guía, con valores y lleno de muchos atributos logrados con la finalidad de decir adiós dignamente? Pues bien, la pregunta central de aquel ejercicio era ¿cómo nos vemos a cierta edad? y se la hice a personas exitosas que poco a poco te iré mostrando a lo largo de los siguientes apartados. Por ahora, me gustaría también lo reflexionaras. Cierra tus ojos e imagínate en ese teatro como espectador(a) y actor / actriz, para que te visualices en el tiempo.

PERSONAS DE ÉXITO

En este libro tengo que hablar de aquellas personas que representan casos de éxito, porque ya están dentro de la locomotora o del tren viajero, asientos a los que todos aspiramos y deseamos adquirir un boleto.

Para segregar las diferentes modalidades que te llevan a lograr ser exitoso, comentaré cómo estas personas ahora viajan cómodas y sin mayores preocupaciones, porque tomaron decisiones que cambiaron sus vidas de forma positiva. Ahora viven con total plenitud, acompañados(as) de sus familias. La mayoría de ellos(as) son abuelos(as) o bisabuelos(as), a otros aún les falta llegar a ese momento donde sus canas son la prueba de la gran descendencia que han creado, pero, sin duda, todos(as) viven de la cosecha de sus sueños, de su dedicación al trabajo, de su perseverancia que tuvieron al ver los resultados de sus emprendimientos. Como lo dije al inicio, supieron elegir y ese factor clave fue la consecuencia que los tiene viviendo en abundancia, por tanto, sus familias tienen asegurada una estadía llena de oportunidades en esta vida.

Es meritorio y de gran ayuda empezar a emprender con ayuda material o seguir con el legado tangible que te hayan dejado tus padres, pero también es meritorio y tiene su recompensa que tú seas el artífice o te conviertas en la primera generación de ese camino que llevará a tu descendencia a gozar de los placeres de la vida.

Andar en el tren viajero o en la locomotora es igual de extraordinario. Cuando llegue el momento de transbordar hacia la última estación, podrás lanzar el último respiro con una paz enorme que solo se logra cuando tienes gratitud sobre lo obtenido. No obstante, sin afán de redactar mayores preámbulos, te doy la bienvenida a la lectura de la vida de personas que son primera generación, ya que este libro se enfoca en los ejemplos de quienes iniciaron sus proyectos y jamás se rindieron hasta desarrollar y cumplir sus sueños, razón por la que, por ahora, no hablaré de quienes son parte de segundas o terceras generaciones.

A cada uno(a) lo / la entrevisté para que me contarán su historia. Les hice una serie de preguntas cuyas respuestas las adaptaron conforme sus vivencias, por lo que, en algunos casos, algunas interrogantes difieren un poco de la idea principal con la que fue formada y otras se apegan completamente, pero en cualquiera de ambos panoramas, quiero mostrarte el guion que sirvió como base y cuál fue el por qué de haber sido estructuradas tal y como las verás a continuación.

> **Nota:** este cuestionario lo encontrarás al final del libro, así podrás contestarlo a partir de tus experiencias.

Mi finalidad es que ustedes lectores conozcan sus vidas, identifiquen dónde están parados(as) y de esta forma, con sus respuestas enfocarán mejor sus metas y sus objetivos, para que cada uno(a) se dé cuenta que el éxito no es cosa de buena suerte, si no de mucho trabajo, toma de decisiones acertadas, asumir riesgos y enfrentar todo tipo de problemas.

Como podrás observar, enumero las ocho preguntas que les hice a cada persona exitosa. No todas fueron dichas tal como las escribo, porque, repito, solo sirvieron como una base para conocer los orígenes, los retos y las enseñanzas de cada entrevistado(a). Veamos, pues, cada historia.

 **PREGUNTAS BASE**

1. Hazme un resumen de tu vida empresarial, profesional, deportiva, de emprendedor o de estudiante o referente a lo que estés haciendo en esta etapa de tu vida; ¿de dónde eres?, ¿cómo te defines como persona y como empresario?

2. Cuéntame, ¿cómo definiste tu modelo de vida?, ¿cómo empezó todo?, o, ¿aún no has empezado?

3. ¿Cuáles fueron los principales retos que tuviste al inicio de tu aventura?, y, ¿cuáles son los retos actuales?

4. ¿Cuáles han sido las experiencias que más han dejado un aprendizaje en ti o con las personas que trabajan para ti o con quienes hayas trabajado, ya sea, proveedores, acreedores, bancos, competencia interna, etcétera?

____

____

____

5. Para llegar a donde estás —y espero que llegues mucho más lejos—, ¿hubo algo que tuvieras que sacrificar al inicio de tu negocio o alguna cosa que dejaste de hacer por crear tu negocio; por ejemplo, haber dejado de viajar, de conocer otros lugares, entre otras cosas, o posiblemente haber iniciado uno y ahora fuera otro negocio el que tienes?

____

____

____

6. ¿Cuál ha sido alguno de los factores principales o secretos que formaron tu éxito? Dime o escribe al menos cinco.

____

____

____

7. ¿Cómo te visualizas en diez, veinte y treinta años?

____

____

____

8. ¿Qué te gustaría dejar como legado al final de tu vida?

____

____

____

Entrevistados(as)

Ellos(as) son quienes me hicieron el gran favor de apoyarme al narrar sus historias:

Don Pedro Pérez, originario del Puerto Topolobampo de Los Mochis, Sinaloa.
Josué Naranjo, originario de Tijuana, Baja California.
Miguel Guga, originario de Tijuana, Baja California.
Diva Elizabeth Vela Varela, originaria de Tijuana, Baja California.

Con cada persona iremos identificando las virtudes sobre las que basan sus vidas, las que trabajaron o continúan trabajando para llegar a donde están; hechos, anécdotas o experiencias muy notorios que los(as) fortalecieron para evitar el descarrilamiento de su tren de vida o que por alguna falta de atención estuvieran a punto de direccionarlos(as) hacia el tren hueco, pero siguen unidos a sus familias como el motor principal de motivación, enseñando a las nuevas generaciones a trabajar, de tal manera que sus negocios u oficios permanezcan en el tiempo.

Una particularidad de estas personas es que no todos tienen estudios profesionales, lo que nos da a entender que tener preparación académica que culmine en una carrera profesional no es prioritario para tener éxito. Si ponemos atención y vemos a los(as) empresarios(as) a tu alrededor, nos percataremos de que no todos tienen una licenciatura, porque son otros factores con los que lograrás cualquier cosa que pretendas en tu vida.

> **Nota:** las entrevistas son transcripciones, por lo que, lectores, habrá expresiones o muletillas orales que se han dejado para legitimar la realidad y veracidad de los testimonios.

Don Pedro Pérez

Iniciaré contando la vida de don Pedro Pérez, quien nos relató su historia a modo de cuento, digerible y muy entendible para los lectores. En su historia verán las enseñanzas y anécdotas de su vida e identificarán cada una de las virtudes y valores a lo largo de su trayectoria.

Él ya está en la locomotora. Tiene una hermosa familia compuesta por su esposa, sus tres hijos y sus dos hijas. Tienen una casa en el Puerto de Topolobampo, aunque también tienen propiedades en EE. UU. Como un buen visionario y con su pasión por el trabajo, hicieron que llegara al tipo de tren en el que ahora viaja. Su camino no fue fácil. Tuvo sinsabores que si los hubiera tenido otra persona, seguramente hubiera tirado la toalla, pero él no, siguió adelante y logró lo que muchos queremos.

Por allá, en el año de 1970, contó don Pedro que llegó al puerto Topolobampo sin más riquezas que sus sueños. En ese tiempo, el puerto se dedicaba exclusivamente a la pesca de camarón, el pueblo estaba concentrado en actividades del mar. Los pobladores hicieron su vida alrededor de un peñasco que les servía de protección contra los vientos y la formación de dunas, dejando lugares de playas vírgenes sin habitar. Sin visión, los pobladores solo se dedicaban a sus labores.

En verdad, la naturaleza, en aquellos tiempos, era bondadosa. Cuenta don Pedro que cuando llegaban los botes de la pesca cargados de tantos productos, regalaban canastas de veinticinco a treinta kilos de camarón o de pescado de diferentes variedades; en fin, nunca faltaba producto para obsequiar.

Él, en cambio, en sus días de ocio y soledad, se iba a caminar a las playas vírgenes donde solo había coyotes y otros animales silvestres. En sus visitas a esas playas vírgenes, siempre procuraba regresar temprano, ya que el servicio de alumbrado público aún no funcionaba, por tanto, le daba pavor regresar tarde a su casa. (*En este párrafo vemos como, en su afán por aprovechar esos ratos, en lugar de quedarse dormido en una hamaca como los demás, caminaba para encontrarse con él mismo y pensar*).

En una de esas visitas, visualizó la construcción de una choza donde viviría en ese apartado lugar del puerto. Todos le decían que estaba loco, que qué iba a hacer con la soledad que daba el lugar, pero al final de cuentas se salió con la suya y lo hizo. Con el tiempo, decía don Pedro, salieron dueños de esas playas, por lo que tuvo infinidad de conflictos, pero al final y después de mucho esfuerzo, pudo regularizar la posibilidad de conservar y proteger la tierra. Con certeza, sobre la misma, bardeó con alambre de púas su propiedad y así estuvo.

Me platicó que era un soñador, pero uno con argumentos. Él visualizaba el desarrollo de un complejo vacacional que permitiera a las familias tener un lugar de recreo donde pudieran ir a descansar. Mucho tiempo anduvo buscando inversionistas, para ser exactos, desde 1980 hasta el inicio del siglo XXI, pero a inicios de este último vinieron cosas buenas. Negociar y demás no es fácil. La mayoría de los inversionistas siempre buscan llevar ventaja, pero, en palabras de don Pedro, al final tuvo que tomar decisiones sobre con quién realizar su proyecto de vida. (*En este párrafo vemos cómo se proyectó en el tiempo al observar su futuro*).

Todo le ha salido bien. A la fecha es una persona de edad avanzada, con quien pudieras estar horas y horas platicando; eso sí, no platica cualquier cosa, todas sus conversaciones son experiencias y anécdotas que se han suscitado a lo largo de su vida y es tan amena su forma de relatar que no te cansarías de escucharlo, aprenderías mucho de su historia, siempre tiene sentido todo lo que cuenta. Dios le dé larga vida. (*En este párrafo vemos que, al tomar decisiones, asumió riesgos bien medidos que al final le resultaron favorables*).

De las principales virtudes de don Pedro podemos decir que fue **tener la visión clara de lo que quería en su vida**, porque se proyectó en el tiempo y logró sus objetivos, aprovechando las condiciones que se le presentaron naturalmente como lo fue el tiempo en el que llegó a ese puerto donde las áreas de oportunidad estaban a la vista, solo que no todos tuvieron esa visión que él sí tuvo, que trabajó y ahora está en una locomotora viviendo plenamente.

Josué Naranjo

Estimado Josué:

En estas páginas encontrarás la razón por la que quiero contar tu historia. Eres un gran ejemplo de éxito. Será de gran interés para los lectores conocer tu historia.

El libro que estoy escribiendo está basado en los diferentes trenes de vida en los que cada uno de nosotros viajamos, pero que al final del camino, coincidiremos en uno, aquel que nos llevará al último viaje, sin retorno y marcará que ha llegado la hora.

Resulta interesante ver cómo cada uno(a) tiene la libertad de estar en el tren que quiera (con los requisitos que impone al subir), decisión que refleja lo que hacemos para estar donde queremos estar y también ver cómo hay quienes no pueden transbordar a otro tren por alguna razón; sin embargo, pretendo ayudar a los lectores con ejemplos de vidas exitosas como tu caso, donde las personas hacen cosas extraordinarias, así que espero que puedas compartirnos parte de tu vida empresarial.

La idea que deseo es inmortalizar tu historia de éxito por escrito a través de estas preguntas que, con tus respuestas, editaré y, en caso de tu aprobación, publicaré en mi libro. Mi objetivo es que los lectores sean testigos de que el éxito no es cosa de buena suerte, sino de trabajo arduo y constante, así como de decisiones acertadas para ser capaces de enfrentar todo tipo de problemáticas y riesgos.

Inicio del negocio

Nomenclatura:
JC: Juan Carlos
J: Josué

JC. ¿Podrías resumir tu vida empresarial?, es decir, ¿quién eres?, ¿de dónde eres?, ¿cómo te defines como persona y como empresario?; cuéntame ¿cómo definiste tu modelo de negocio?, ¿cómo empezó todo?

J. Soy de Tijuana y tengo cuarenta y ocho años. Soy una persona que ha tenido muchas bendiciones de Dios. Me ha dado mucho trabajo y una gran familia.

El negocio empezó..., bueno, la familia tenía una cadena de supermercados desde hace un chorro de tiempo. Vendieron esa cadena de supermercados y mi papá se quedó con la rama de la ganadería. Mi papá se quedó con el rancho de la engorda, ahí comenzamos a engordar al ganado y de repente le vendía a las cadenas de supermercados de antes. Pues ya sabes que las cadenas de supermercados son muy especiales y que dice mi papá "¿por qué no abrimos una distribuidora de carnes?".

Mi hermano fue el que la empezó, pero mi papá fue el de la idea y el de la lana. Así la empezó mi hermano, mi hermana y un primo. La iniciamos hace veintitantos años. En ese tiempo solo vendíamos carne, luego mi hermano falleció a los treinta y cuatro años. Él llevaba todo el negocio.

Por la inseguridad que había aquí en México, yo me fui para Estados Unidos. Allá abrimos una tienda. Primero, cuando yo tenía veinticinco o veintiséis años, el negocio era como una distribuidora de carne. Le vendíamos a los mercaditos, le vendíamos cosas. Digo, cuando fallece mi hermano, pues, mi papá comienza a tener el control de la empresa, yo comienzo a ayudar y de repente fallece también mi papá y me meto al cien por ciento al negocio. Yo tenía treinta y dos años, pero desde los veinticuatro años yo ya estaba encargado de la tienda que teníamos en EE. UU., en la que, para Tijuana, importábamos cosas para las tiendas de aquí.

JC. Entonces, ¿tu inicio laboral fue con tu papá, digamos, a los once, doce o quince años?

J. Pues ya en la secundaria me mandaban a cobrar o me decían "ve y checa esto". Luego, también, cuando salí de la universidad, me dieron la oportunidad de trabajar un año con seis meses en Gigante, en todos los puestos como gerente, carnicero, panadero, en el área administrativa, de compras, etcétera. De toda la formación, ahí fue una parte y aun así, a la fecha, sigues aprendiendo. Debes tener mucho cuidado, hasta el día de hoy me siguen bailando con mermas, ja, ja, ja, ja, por ejemplo, ¡ahorita me acaban de dar una madriza al otro lado que ni Blue Demon me la podría haber dado!

Estando el negocio en marcha, de repente fallece mi hermano, como un ajuste a las políticas de cobranza, recuerdo que le dice mi papá a mi primo "todos los que te deban más de quince días, córtales el crédito" y pues, ¡cabrón!, todo se manejaba a crédito, así que tuvimos que ver la forma de cómo cambiar el modelo de negocio y comenzamos a invertir en la publicidad, para que los clientes fueran al establecimiento a comprar directo. Muchos ajustes se dieron con estos cambios.

JC. En estos veinticuatro años, ¿cuáles han sido las experiencias que más han dejado un aprendizaje en ti o con quienes hayas trabajado, ya sea, proveedores, acreedores, bancos, competencia interna, etcétera?

J. La verdad, te tienes que rodear con gente que sepa.

JC. ¿Crees que ese puede ser un secreto para lo que has logrado?

J. Sí, ese puede ser un secreto y otro es ser consistente, rodearte de gente que realmente aporte. A mí, de lo que me ha pasado, es porque los que empezaron trabajando con mi papá, al inicio me bloqueaban; por ejemplo, cuando contratas a una persona que supiera, los demás se ponían celosos; oye, una persona que era más inteligente, la bloqueaban, personas que son de confianza de toda la vida de tu papá.

Cuando contratas a una persona con experiencia y le quita la chamba a otro que tenía mucho tiempo, aunque fuera de confianza, al final tienes que hacerlo. Por eso, el aprendizaje de la consistencia es elemental. A lo mejor no tienes que ser muy inteligente, pero si eres consistente, todo lo logras; por ejemplo, nosotros, todos los directores, consistentemente nos reunimos una vez a la semana para ver qué hacen. Cuando teníamos tres tiendas, éramos cinco o seis personas que nos juntábamos cada semana a darle seguimiento a las cosas. Ahora, en estos días, de puros directores son como unos catorce. Cuando empecé a hacer reuniones, todo el mundo estaba muy ocupado. Todos ponían "peros" para reunirse. Ya en las juntas le das seguimiento a todos los temas, con buenos resultados a la fecha, gracias a no perder la consistencia en reunirnos.

JC. Para llegar a donde estás —y espero que llegues mucho más lejos—, ¿hubo algo que tuvieras que sacrificar al inicio de tu negocio o alguna cosa que dejaste de hacer por crear tu negocio; por ejemplo, haber dejado de viajar, de conocer otros lugares, entre otras cosas, o posiblemente haber iniciado uno y ahora fuera otro negocio el que tienes?

J. No. A mí me encanta, pero me encanta lo que hago. Yo no cambiaría nada de mi negocio. Lo único sería pasar más tiempo con la familia, una de las cosas más importantes para mí. Mira, siempre son las relaciones con los proveedores que tienes, sin los proveedores no eres nadie. Sí mucha gente lo primero que ve es exprimir al proveedor. El proveedor es tu socio comercial, de cierta manera es el que te da a ganar, lo cuido igual o mejor que al cliente. El proveedor es el que sabe a quiénes le dan la oferta y a quiénes no le dan la oferta. El proveedor es el número uno.

JC. Pero adicional a los proveedores, también están los acreedores, los bancos.

J. Fíjate que el problema más grande que tengo es de que yo no'más conozco El Prado, por ejemplo, una cosa financiera, pues no la sabes, y eso puede afectar tu negocio. Una anécdota de que a una empresa ganadera, la neta, no le prestan dinero, cuando te prestan, te friegan un chingo, pero cuando te entra la pinche desesperación, agarras el dinero sin ver ni analizar las condiciones. Si alguien me hubiera *coacheado* diciéndome "¿sabes una cosa? Si ese crédito lo debes a dos años, en lugar de dos, lo cambias a cinco años, trabajas ese dinero y pagas lo mismo de interés y capital; podrías dar más rendimiento a tu inversión". Dinero prestado a dos años lo cambias a cinco, lo terminas pasando en cinco años el mismo dinero y revolucionas tu negocio.

Pero nadie te *coachea*, nadie te frena, nadie te dice "¡espérate un mes o dos meses más y que te den para cinco años", pero te desesperas y cosas así. Te ofrecen el dinero en las condiciones que ellos quieren y tú sin saber, pues dices, "¡échalo para acá!" y ahí es donde pierdes, ahí es donde te digo júntate con gente que sepa, a cada uno en su área.

JC. Para elegir a las personas que forman parte del círculo directivo y demás que puedan darte valor agregado, ¿cómo le hiciste?, ¿se fue dando?, o, ¿cómo fue?

J. Sí se fue dando. La verdad tengo mucha gente que tuve en Gigante. En ese año y medio que trabajé en Gigante, mucha gente de esa está trabajando ahí con nosotros. Las vi que sabían, que tenían experiencia y las invité. Así tengo unas cinco o seis personas de puestos clave que estaban ahí conmigo.

JC. ¿Cómo te visualizas en cinco, diez, quince o veinte años?

J. La verdad, no lo visualizo. A mí lo que ya me hace falta es pensar en la segunda generación, pero aún no hay un plan de cómo hacerlo. Íbamos a contratar a un director general, ya estaba a punto, pero trabaja familia ahí conmigo. Primero dijeron que sí, pero ellos, como son dueños, no van a dejar que otro cabrón dirija o que te diga "oye, tengo este problema". Creo que aún no es el momento ni de pensar en mi retiro ni de tener un director.

JC. Todavía estás lleno de vitalidad, pero sabemos que la edad hace su chamba. ¿Te gustaría vivir en un rancho, en la playa? Tenemos que llegar al retiro.

J. Sigo insistiendo. Yo no me veo en el retiro, pero bueno, a lo mejor te puedes retirar de las tiendas de autoservicio, pero de que tengo que hacer algo, tengo que estar haciendo algo. No me veo sin hacer nada.

JC. ¿Qué legado quisieras dejar?, ¿el legado de decir que "hasta el último día yo estuve trabajando"?

J. No así, pero sí ya delegando, pues si me entiendes, a lo mejor ya abrir un consejo de administración, tener un director. Si lo veo así, irme a las juntas de consejo a chingar a todos para que hagan bien su chamba. Bueno y me gustaría dejar a mi familia y a mi hijas dinero, estabilidad y que aprendan a cuidar lo que tienen, porque es muy fácil decir, pero crear un negocio es muy difícil y como digo:

$$\left(\begin{array}{c} \textbf{Si te bajas de la rueda de la fortuna} \\ \textbf{y volver a empezar un negocio, no se} \\ \textbf{puede hacer tan fácil.} \end{array} \right)$$

JC. ¿Otra anécdota que tengas de tu vida?

J. Mis anécdotas son de que mi 'apá me apoyó mucho. Mi 'apá me dio mucha fortaleza en los negocios. Una vez me robaron un camión de aceite. Yo estaba todo agüitado. Al final me lo pagaron. Recuerdo que me dijo mi 'apá "¡ya para qué te agüitas!, ¡te chingaron por pendejo!" (*se sueltan risas*), "¡no te agüites!", "¡ahora ve cómo vas a recuperar ese puto dinero!".

Otra anécdota de mi 'apá, así de perrona, que te fortalece y que dices "te puedes equivocar, pero no hay bronca". Una vez estábamos construyendo la tienda de San Isidro, yo tenía un chorro de broncas con el arquitecto, me dice: "voy a convocar una reunión con tu papá" y ¡órale!, ¡que la organiza! Éramos cuatro ahí con mi 'apá. Mi 'apá prende un cigarro, luego empieza el arquitecto quejándose de mí, que este muchacho esto y que lo otro, puras quejas. Interviene mi 'apá y le dice: "¿cuál es el pedo?" y le pregunta "¿quién paga?". El arquitecto responde: "usted", "no", le dice mi 'apá, "mi hijo paga y si no les gusta ¡a chingar a su madre!". Respaldo total de mi 'apá diciéndoles "si no les gusta váyanse".

También recuerdo que cuando empezamos este negocio, me depositó una lana, me dijo "ahí está para que hagas tu negocio" y le pregunté "¿qué hago?". Me contestó "a ver qué pendejadas haces" (*se sueltan risas*). Hago mi comentario de similar experiencia: mi 'Apá cuando estábamos cultivando la parcela, yo siempre alardeaba de buen estudiante, pero cuando nos equivocábamos en las labores del rancho me decía que para pendejo no se estudiaba, que se nacía naturalito (*se sueltan risas*). Estas motivaciones nos daban también, eso era lo más importante, te daban seguridad sobre ti mismo, porque todo el mundo la va a cagar.

JC. ¿De tu papá aprendiste todo lo positivo de estas enseñanzas que te daba?

J. Claro, teníamos confrontaciones como cualquier papá e hijo, pero repito, son cosas que te dan seguridad. ¿Recuerdas la primer historia del IPADE, que una empresa de aviones, que la compró un güey, la empresa estaba tronada, se trataba de una contadora que andaba manejando mal el negocio, que las cosas se hacían como ella quería, que los nuevos dueños la corrieron. Ella tenía secuestrada la empresa y es lo que te digo de que la gente vieja que trabaja con tu papá y hace eso (en sentido operacional), que tienen todos los años, piensan que están haciendo bien la chamba.

Haber estudiado ese caso me abrió la mente. Una vez que salí de una clase del IPADE, yo traía un escolta que era de mi 'apá y le mandé a hacer fila, pero pasó algo. No se fue a hacer la fila, según al final me dijo "es que pasé a hacer unas cosas personales" y es cuando el *chip* me hace *click* y le digo "¡te me vas a la chingada!", pero primero le dije "¿¡vas a hacer caso!? Si no, ¡te vas!". "No", me dijo, "yo trabajo así". Él era policía comercial. Si cuando le dije "oye, entonces ¿no vas a hacer caso?" me repitió lo mismo que él así hacía las cosas. Ya de ahí empecé a hacer las cosas ya a mi manera, después de eso voy y le platico a un amigo de mi 'apá. Éste va y le cuenta a mi 'apá y se entera mi tío, luego me dice mi tío "te voy a hacer un favor. Vuélvelo a contratar". La verdad ya no le hice caso. Ya después de eso todo mundo empieza a decir "a este güey ya se le subió, está corriendo a todos los allegados de su papá" y no sé qué tantas cosas empezaron a decir, pero pues así seguí y aquí estoy.

JC. ¿Cuáles fueron los aprendizajes o los retos que crean en ti? (*anécdota del banco, cuando fallece su papá*).

J. Lo más cabrón que he vivido es que la gente crea en ti. Como yo soy la segunda generación, es que la gente cree en ti, eso es de lo más cabrón que he vivido. Todo mundo tiene sus dudas. Tuve una experiencia de los bancos, cuando fallece mi 'apá, tenía una línea de crédito pequeña, bien me acuerdo, pues que la estaba pagando la línea de crédito y fallece mi 'apá. Llegó al banco y me dicen "como ya falleció tu papá, ya no tienes crédito". De la nada ¡pum! te cancelan el crédito, directamente me dicen "ya no tienes crédito". Sigo trabajando con ese banco, pero lo más gacho es eso y es cuando tú dices "¡pues qué pasa!". Te quedas encabronado y así como con el banco mucha gente que trabajaba con nosotros se fue, nos quitaron distribuciones, vas y hablas con ellos y te dicen "así son las cosas", "ya no está tu papá". Uno de los aprendizajes que me dejan de experiencia es que si se van a hacer las cosas, las hagas, si no, para qué pierdes el tiempo. Tienes que aventarte. Si te va a salir mal, te va a salir mal y si te va a salir bien, te saldrá bien, pero tienes que tomar la decisión de hacerlo.

En la historia de Josué vemos que aunque traía linaje de familia empresaria, no fue nada fácil para él. La partida de su hermano y luego la de su papá fueron duras experiencias, ya que, aparte de lo emocional y de perder a sus seres queridos, también en el ramo de los negocios repercutió en gran medida, como lo mencionó en su relación con los bancos, que una vez que su papá falleció, le quitaron los créditos aunado a la pérdida de beneficios con proveedores.

Todos esos eventos hicieron que Josué madurara más rápido, obligándose a conseguir personas que realmente supieran trabajar y, algo fundamental, que con ello lograra el crecimiento de sus negocios. Ver a sus proveedores como sus socios comerciales provocó que incrementara su cadena de supermercados, siempre forjando su evolución en el trabajo duro y la persistencia incansable sobre los proyectos empresariales. Sin duda, una buena historia la de Josué.

Miguel Guga

Hablar de Miguel es hablar de trabajo, de familia, de perseverancia y de mucha honestidad —claro, así como sucede en todas las historias que he contado y seguiré relatando de quienes son ejemplo a seguir—. Su caso tiene lo especial en su persona en la manera de tratar a todos los demás y, sobre todo, a sus trabajadores. Para él, respeto a la palabra es algo que lo trae por generaciones. Tiene cinco hermanas y tres hermanos, en total son nueve. Todos del mismo estilo, sin embargo, Miguel comenzó a forjar su propio camino a los diecisiete años. En las siguientes líneas podrás leer su historia sobre la que iremos identificando sus cualidades, los retos asumidos y muchas otras cosas.

Adelante, Miguel

Nomenclatura:
JC: Juan Carlos
M: Miguel

JC. Miguel, vamos a hacer una dinámica bien práctica sobre tu vida empresarial. Tu platícame y yo hago lo demás. Para iniciar, cuéntame de tu familia, de tu origen, de cómo empezó todo.

M. Sí, este…, bueno pues vengo de una familia de nueve hermanos. Soy el más chico de esos nueve hermanos. La vida empresarial, pues, no me considero en sí realmente una persona empresarial, me gusta trabajar, me gusta salir adelante, es algo bueno que a lo mejor es algo que se dio en el camino con el apoyo de toda la familia. Me crié en el negocio de mi padre desde la edad de ocho o nueve años que empecé a lo mejor estorbándole en el negocio, jugando entre los costales de producto para la venta como eran costales de azúcar, de especias, diferentes tipos de grano, etcétera.

Iba a la escuela en las mañanas, después de la escuela me incorporaba ahí con mi papá, porque me quedaba cerca de la escuela. Me quedaba ahí en el negocio de mi padre y así fue como fui creciendo. Mis vagancias de chico eran ahí en el negocio de mi padre, pues yo no'más me recuerdo en el mercado, jugando canicas, jugando pelota, jugando fútbol; yo no jugaba en la colonia como los demás niños de mi edad, donde nosotros crecimos, donde actualmente tiene la casa mi madre y es donde vive gracias a Dios. La verdad yo nunca tuve amigos alrededor donde nací, uno o dos contados y muy poco convivimos, pero sí los amigos que hice de niño son los hijos de los locatarios, de ahí, de alrededor del mercado y así fue como fui creciendo y formándome con ellos.

JC. Cuando definiste, Miguel, que el negocio de tu señor padre era lo que te gustaba, ¿por qué no dijiste "quiero ser ingeniero, abogado, doctor u otras profesiones o estar en otros negocios u oficios?", porque de niño te involucraste en las actividades de tu papá por intuición o por la admiración y todo, pero de repente, llega uno donde dice "yo quiero ser médico". ¿Cuándo definiste que realmente te querías dedicar al negocio que tienen ahorita?

M. Pues fíjate creo que es un modo de vida, es un modo de vida que se fue dando. Estudié hasta tercero de secundaria, ya no seguí la escuela por voluntad propia. La verdad es que desde muy chico mi padre nos dio la confianza de manejar el negocio. La parte de manejar el negocio me empezó a gustar cuando mi padre me da la autoridad de iniciar a hacer compras, ahí es cuando comienzo a agarrarle más sabor al negocio.

A la edad de quince años estudiaba, iba a la secundaria en la tarde. Por la mañana, agarraba un troquecito de una tonelada, la cargaba de huevo en una bodega que estaba en la delegación La Mesa de Tijuana y se lo llevaba a mi papá al negocio, descargaba el huevo, luego cargaba pedidos que llevaba a una ruta de tiendas, los entregaba y de ahí me iba a la casa, dejaba el troque, me bañaba, me cambiaba y me iba a la escuela, entonces, a muy corta edad, mi padre nos enseñó a trabajar.

Con gusto le ayudaba, era algo que me motivaba a hacerlo, cargar producto a los camiones hasta atender al cliente era algo que realmente me gustaba. Se fue dando poco a poco. Primero, empecé a atender a los clientes, a llevarles el producto, les facturaba para después cobrarles; poco a poco mi papá nos fue dando la oportunidad de que cuando llegaba algún producto, me decía "pues cómpralo". Sí, claro, lo compraba para él y para el negocio. No era negocio para mí, era negocio para la familia de mi papá.

Recuerdo, en una ocasión que me dejó muy marcado, que nos dio la oportunidad de comprar producto. Esa vez llega un señor que me vende la caja llena de un *pick up* de papel para carnicería, yo estaba solo con un trabajador, llega el vendedor y nos vende el *pickupcito* de papel para carnicería, se lo compró y cuando estábamos en la negociación, ya para pagarle, ya estaba todo listo, ya lo habíamos bajado, ya listo para pagarle, llegó mi papá y me comentó "¿sabes que ese papel no sirve?" y le digo "no, pues se lo regresamos. Aún no le he pagado". "No" me dijo mi papá, "págalo". Quieras o no fue una enseñanza de **cumplir lo que habla uno**. Esto me quedó muy marcado, aún recuerdo que se lo pagamos y mi 'apá le dijo al amigo "muchas gracias. No te vuelvas a parar. No vuelvo a hacer negocios contigo", porque el vendedor ya había ido a venderle el producto a mi papá, mi papá le había comentado que el papel no servía, duré, creo como más de un año para venderlo, siendo que era un producto que se movía en una semana o quince días a lo mucho en venderlo, entonces no era un producto adecuado para carnicería, más por la novatada de no conocer los productos. Así fue como me fue gustando.

JC. De los principales retos que tuviste al inicio y los de ahora, ¿cómo puedes diferenciarlos? Digamos, con más de treinta años de experiencia en el negocio, hoy los retos son diferentes; los retos del inicio te dan risa, ahorita ya son nuevos, porque siempre todo va cambiando, pero ¿cuáles eran los que te daban miedo al principio y cuáles en tu presente?

M. Sí. Yo creo…, los primeros retos eran en la innovación de productos, eran los primeros retos donde poco a poco vas pagando la novatez de no conocer los productos y no deja uno de cometer errores. Aun así con veinte o treinta años de experiencia, no dejamos de estar cometiendo errores, pero yo creo que los primeros retos que nos empezamos a enfrentar es en conocer los productos, conocer el mercado, conocer en dónde está la oportunidad de negocio para llegar con el cliente adecuado. Muchas veces no llega uno con el cliente adecuado y piensa que no hay negocio en el producto, pero te vas dando cuenta que, conforme vas avanzando, no es que no haya negocio con los productos,

sino que todos los productos tienen negocio, pero tienes que encontrar la persona adecuada, encontrar el canal correcto, el cliente correcto donde colocar tu producto, qué hacer para que tu producto se pueda penetrar en el mercado.

JC. Ahora los retos son diferentes. Cuando te haces habilidoso en ciertas cosas, la contraparte también hace su juego, ¿por qué, al inicio, identificar áreas de oportunidad era diferente a los tiempos actuales?

M. No'más, antes de brincar esa parte, sí, cuando yo me meto de lleno al negocio de mi papá fue a los diecisiete años donde Martin, mi hermano, se casa, se independiza en el negocio, porque le sale una oportunidad de un local en otro mercado de abasto, en el Mercado Hidalgo y me comenta "Miguel, yo ya quiero empezar a hacer lo mío, ya me casé, porque tú no te haces cargo del negocio de mi papá y le sigues ayudando aquí". "La verdad es que estoy muy chico", le dije, "pero si tú me apoyas, adelante". Me dice Martin "yo vivo en playas, paso por aquí todos los días. Ahí pasó contigo todos los días en la mañana" **y pues aún todavía lo sigo esperando,** porque él aún no ha llegado (*se sueltan risas*), pero sí a los diecisiete años agarro el negocio y ya a la par con mi papá. A mi padre se le complica la salud y pues quedo al frente del negocio a los dieciocho años y a esa edad o a los diecinueve años con la responsabilidad absoluta del negocio. Mi 'apá empieza a tener problemitas de salud, días estaba días no y después se incorpora otra vez, pero ya dejándome al frente, claro que sí con el apoyo de él todo el tiempo, a un lado y aprendiendo muchas cosas. Mi 'apá a su manera enseñándonos fue como agarré el negocio y yo creo que es una universidad, una carrera que no deja uno de cursar ni de aprender.

JC. Las personas que han pasado en tu vida, que has conocido, con las que has tenido relación, la gente que trabaja para ti, porque tienes gente muy fiel como el señor Atanacio; has tenido proveedores toda la vida, unos se han ido y otros han llegado, también has tenido relación con bancos y con más gente con quien has hecho negocio, pero ¿qué es lo que más has aprendido de todas estas personas? Creo que el mayor aprendizaje ha sido de tu señor padre y de Martin, sin embargo, de los demás, Miguel, ¿qué puedes decir?, ¿cómo los ves?, ¿cómo aprendiste a tratarlos?, ¿dónde sientes que hay fidelidad?, ¿dónde sientes que hay interés? Todos somos un poco difíciles, ¿qué puedes decir de las personas en estos cuarenta y cinco años que tienes de vida?

M. Sí, yo creo que lo principal es ser agradecido todo el tiempo con el proveedor, con el cliente y con el colaborador. Antes de hacer negocio, yo creo primero están quienes están alrededor contigo, que son los que hacen la diferencia. Sí, ser agradecido con las personas y yo creo que en esta vida, pues, todos somos iguales. No por tener la responsabilidad del negocio o somos más o somos menos. Me ha gustado sí trabajar a la par de los colaboradores en todos los aspectos tanto físico como moralmente y sí ser agradecido. Me gusta voltear a ver al proveedor igual que a un cliente. Son costumbres que yo creo que se fueron adquiriendo de mi padre.

JC. ¿El agradecimiento puede ser uno de los mayores aprendizajes que has logrado desarrollar más?

M. Pues yo creo que sí. Agradecido con toda la gente que tengo, que me ha ayudado. La ayuda, yo creo, es tanto como con el colaborador, con el proveedor, con el cliente, con los amigos, con la familia, etcétera me marca una diferencia en la vida donde a uno le dan ánimos de salir a chambear, teniendo una buena familia. Gracias a Dios venimos de una familia muy muy unida y mi padre y mi madre, por mucho tiempo, todo eso nos han enseñado.

JC. Al inicio, en ese instante en el que tú dijeras "sacrifique algo" o al estar donde estabas, sintieras que dejaste de hacer algo, ¿podrías decirme algún sacrificio que hayas hecho para llegar a donde estás, es decir, que hayas dicho "yo hubiera querido primero haber conocido el mundo, haber estudiado alguna carrera, haber experimentado en otra ciudad", etcétera?, ¿te sientes pleno?, ¿no hay nada que tú digas "por hacer esto, dejé de hacer lo otro"?, porque ser exitoso requiere mucho sacrificio y mucho trabajo.

M. No, fíjate que no. No lo miro como sacrificio, porque, gracias a Dios, todo lo que hacía lo hacía con mucho gusto y sí me he dado cuenta que dejé de hacer muchas cosas. De repente platicamos yo y mi señora o platicamos con amigos y ellos me platican de artistas o de programas de televisión. De ello, yo no recuerdo…, a ver…, después de los ocho, nueve o diez años haber visto televisión continuamente. No. Mi vida era diferente. Sí dejé de hacer cosas, mas no creo que es algo que yo extrañe, pero yo creo que para todo hay tiempo. Disfruto lo que hago, amo lo que hago. Me tocó trabajar jornadas de catorce horas largas. Yo creo que se va haciendo una familia tanto en el trabajo como en la casa.

JC. ¿Como qué crees que hayas dejado de hacer?

M. No creo que haya dejado de hacer cosas. Yo creo que, a lo mejor, personas de mi edad hacían cosas diferentes, mas yo no siento que haya dejado de hacer cosas, no siento que me haga falta nada, estoy muy a gusto, muy tranquilo. Volvería a vivir lo mismo. Si todo el tiempo me apasionó lo que hice y me apasiona lo que hago, entonces quiere decir que la verdad lo disfruto mucho. No creo que me haya hecho falta algo.

JC. Miguel, para salir adelante, te consideras una persona de trabajo, pero también eres una persona ya de éxito. El éxito yo lo veo como algo siempre temporal. Decir que una persona fue exitosa es porque ya falleció. Ahora eres una persona madura y entre más maduro, disminuyen las posibilidades de que te caigas. Entonces ¿cuál ha sido una de tus principales virtudes o el secreto, digo, no es que haya fórmulas, cada quien hace su chamba, que consideras que fue la parte fundamental en ti para lograr estar donde estás ahorita?

M. Yo creo que la constancia. La constancia en levantarte y hacer lo mismo, pero eso sí todo el tiempo pensando en hacerlo mejor, estar ahí…, sí la constancia. En este todo el tiempo estarse, yo creo que lo que hace uno no es lo mejor, yo creo que todo el tiempo habrá formas mejores de hacerlas y si está buscando la mejora continua.

JC. La constancia ha sido de las partes fundamentales que has hecho para ser exitoso. Lo que haces te distingue. ¿Cómo te ves, Miguel, en diez, veinte y treinta años?, ¿qué quisieras dejar de legado?, ¿cómo te ves ya proyectado en el tiempo? Sabemos que empezaremos a dejar de tener tanta energía, así que, como quiera que sea y como sea que lo digas "yo sé cómo quiero verme y que Dios nos bendiga", proyectarte en el tiempo es complicado, vernos más allá. En mi caso, a los treinta años, en una clase de programación neurolingüística, una psicóloga nos pidió que cerráramos los ojos, nos visualizamos sentados en una butaca de un teatro y al mismo tiempo que nos viéramos como los protagonistas. Yo me vi como un hombre de edad avanzada, sentado junto a mi esposa y a mis hijos; todos juntos formábamos una bonita familia. Me proyecté en esa dinámica y me cuestioné ¿qué tengo que hacer para lograr verme así? Eso me ha servido mucho y me gustaría saber cómo te visualizas en tus proyecciones.

M. Me veo ya más separado del negocio de raíz, el negocio actual que está. Me gustaría, que ya de hecho ya lo empecé a hacer, buscar hacer un negocio diferente en el campo, me gustaría terminar sembrando, claro, siempre y cuando esté acompañado por la familia que es lo principal, con mi señora, mis dos hijos y mi hija. Los hijos son prestados un ratito y se van, tienen que hacer su vida, pero que al menos siempre y cuando me acompañe mi señora, porque me gustaría terminar retirado, en un ranchito, sembrando; creo que deslindarse al cien por ciento de lo que tantos años has hecho está muy difícil, pero creo que traen buena formación los chamacos y la chamaca y seguiremos trabajando para que ellos sean los que encabecen el negocio y delegar el porcentaje que sea coherente con la responsabilidad de ese negocio, pero no me miro sin hacer nada.

JC. Respecto a tu legado, ¿qué te gustaría dejar?

M. Sí, pero lo más bonito de la familia, la unión de la familia, que sean unidos. Sí, lograr que tengan ese diálogo, ojalá, aunque pleitos tiene que haber, tiempo para acuerdos y desacuerdos, pero que sepan ser una familia unida. Sí, que no pierdan la unidad, que las generaciones vayan cuidando no perder el piso. Sí, esa parte del respeto entre familia que permanezca todo el tiempo. La parte, si se le puede decir éxito, digo, la trayectoria que se ha hecho, pues no se ha hecho sola, la raíz y el apoyo de mi señora en lo bueno y en lo malo, ha estado ahí todo el tiempo; que mantengan lo familiar en el trabajo todo el tiempo, pues sin el apoyo de mi señora, de mis hijos y de mi hija no avanza uno y también en la parte del negocio, sí, el apoyo de Martin todo el tiempo en el camino de la enseñanza y de mi señor padre.

JC. ¿Quisieras reconocer el apoyo de tu señora, la enseñanza de tu hermano Martin y de tu señor padre, y las gracias a tus hijos por estar contigo? Podemos acomodar las palabras, pero dime si es correcto. No quiero cambiar el sentido de lo que has dicho.

M. Quiero recalcar un poquito la ayuda y el agradecimiento a mi padre, la confianza, a los quince años, de mi patrón que era Martin. Él era el que traía el negocio de mi padre, yo cuando tenía diecisiete años, Martin parte, entonces yo ya me quedo solo con mi papá, y a parte cuando mi papá empieza a desmerecer un poco su salud. Ya después de los dieciocho años, o más bien, como a los diecinueve años, yo empiezo a quedar un poco más solo en el negocio pero sí *coacheado* todo el tiempo. Aunque Martín no haya regresado físicamente, pero, pues, era hablarle por teléfono acerca de temas como el proveedor, los clientes, etcétera; todo el tiempo fue mi guía, si tenía alguna inquietud, todo el tiempo pues era con Martin. De verdad fue mi *coach* por más de diez o quince años y lo sigue siendo hasta esta fecha y lo sigo esperando.

Analizando el diálogo con Miguel, podemos decir que los atributos o las virtudes sobre los que ha girado el éxito en su vida pueden ser los siguientes:

- Respeto por la palabra, enseñanza de su padre (Q. E. P. D.).
- Gratitud o agradecimiento por todo lo que Dios le ha dado.
- Perseverancia para lograr los objetivos planteados.
- El amor incondicional a su familia y de su familia hacia él.

Como vemos en la plática con Miguel, en su vida todo se dio a partir de la enseñanza familiar, principalmente de su papá y de su hermano Martin. Todo eso emana de la formación en su infancia que obtuvo de su mamá. En la familia encontró el camino a seguir para lograr su éxito, ahora le toca a él y a su esposa hacer lo que su papá y su mamá hicieron con él, es decir, formar buenos hijos para lograr lo que pide en su relato: siempre estar unidos.

Una enseñanza que nos deja esta entrevista y que me gustaría que todos le pusiéramos especial atención, porque vale oro, es cuando dice:

"Todos los productos tienen negocio, pero tienes que encontrar la persona adecuada, encontrar el canal correcto, el cliente correcto, dónde colocar tu producto".

Así es que esta recomendación especial nos dice que si tenemos un producto o un servicio que ofrecer o nuestro tiempo como trabajadores, identifiquemos dónde está el negocio, dónde está tu cliente. Lo anterior garantiza que tu patrón o tu patrocinador tendrá mayores posibilidades de ganar para que en la negociación que hagas siempre ganes tú, pero también gane el que te va a pagar por lo que ofreces.

Diva Elizabeth Vela Varela

Ahora hablaremos de Diva. A ella la conozco hace poco menos de veinte años. Su peculiar historia te dejará muy pensativo, es difícil de creer, pero es tan verdadera como el aire que respiramos y ocupamos para vivir; en cada párrafo iremos mencionando y recalcando sus atributos.

Nomenclatura:
JC: Juan Carlos
D: Diva

JC. Hazme un resumen de tu vida, de tu éxito; ¿quién eres?, ¿de dónde eres?, ¿cómo te defines como persona y como alta ejecutiva del corporativo donde te desarrollas profesionalmente?

D. Soy mujer mexicana y orgullosa de mi persona en todos los sentidos, originaria de la ciudad de Tijuana, huérfana de padre a los ocho años. Por varias circunstancias me vi en la necesidad de madurar abruptamente y tomar decisiones que a veces son buenas y otras no tan buenas, sin embargo, siempre dejan una enseñanza de la vida. Definitivamente todo lo vivido a partir de los ocho años son parte de la escuela de la vida que van formando mi carácter en la toma de decisiones, así como la humildad con la que puedo tratar a la gente y a la vez ser agradecida por tantas cosas que he pasado. Siempre ha habido personas buenas y malas en mi entorno, pero quizás, si no hubiera desarrollado ese instinto de sobrevivencia, no estaría donde estoy. Ser analítica y observadora me da la oportunidad de razonar las decisiones y tomarlas de forma determinante. Tengo el defecto de ser hiperactiva, por lo tanto, soy como una maquinita bien aprovechada en la empresa, de la cual estoy al frente, donde tenemos momentos en los que hay que resolver y solucionar problemas inmediatamente.

JC. Cuéntame, ¿cómo hiciste para llegar a donde estás?, ¿cómo empezó todo?

D. En el año 1999, ingresé a un complejo residencial conocido como OCEANA, con el puesto de auxiliar administrativo. A las dos semanas, la persona que me había invitado a trabajar se fue y me dijo "quédate a cargo, tú puedes hacer que esto crezca" y con la poca experiencia que tenía, a mis veintitrés años, empecé a promover el servicio de hospedaje, generando ingresos que nadie tenía contemplados.

El Sr. K. depositó su confianza en mí y fue de esta manera como se convirtió en mi gran maestro. Fueron momentos de aprendizaje a veces de la mejor manera y otras no muy buenas que digamos, sin embargo, yo veía la oportunidad de salir adelante con mi hijo que tenía tres años y, aunque hubiera truncado mis estudios de nivel medio superior, la oportunidad estaba ahí y tenía que aprovecharla, así que asumí la responsabilidad y de inicio me propuse mejorar mi inglés, estudiar y documentarme, así como involucrándome en todos los departamentos que comprendían y comprenden a esta gran empresa, perdiendo el temor y preguntar y dejar a un lado el "¿qué dirán?" y los complejos que me limitaban. Fue difícil, no lo puedo negar y si a esto le agregamos que soy de estatura baja y complexión delgada, pues prácticamente parecía una niña y ese era uno de los obstáculos o tabú que afectaba a muchas personas en mis inicios.

JC. ¿Cuáles fueron los principales retos que tuviste al inicio de tu vida ejecutiva y cuáles son los retos actuales?

D. La vida en sí es un reto día a día. Uno siempre tiene que demostrar que eres capaz de vencer cualquier obstáculo y luchar por tus ideales y tu filosofía, estar siempre fuerte y firme para concluir cualquier reto por más pequeño o grande que éste sea, pero mi principal reto es el bienestar de mi familia y el trabajo, por supuesto.

Me gusta estar al pendiente de todo lo que acontece en mi entorno en cuanto a trabajo, estar al pendiente de las necesidades de los empleados y verlos siempre como un equipo, porque son parte de mi familia y que, de esta manera, el trabajo de muchos años siga funcionando como hasta ahorita. Te puedo alardear que cuento con personal a mi lado que ha estado conmigo desde los inicios de la empresa y eso habla de la buena relación que existe.

JC. ¿Cuáles han sido las experiencias que más han dejado un aprendizaje en ti, un posible aprendizaje con las personas que trabajan para ti como los proveedores, los acreedores como bancos, etcétera?

D. Definitivamente todos tienen lo suyo. Puede ser que, en alguna ocasión haya tenido un desafío o un problema complejo como por ejemplo, el elevador. Te llegan a ofrecer una solución exprés, pero sabes que no es la mejor opción, porque pone en peligro la vida de las personas y hay que apostar e invertir lo que sea necesario para salvaguardar la integridad de los usuarios.

También, por ejemplo, ahora con lo de la pandemia por la Covid-19, se preparó al personal de la mejor manera con cursos y capacitaciones del tema, se adquirió todo lo necesario para seguir los protocolos de la Organización Mundial de la Salud, a fin de no tener contagio y proteger a nuestros empleados y usuarios.

JC. Para llegar a donde estás, y espero que llegues mucho más lejos, ¿hubo algo que tuvieras que sacrificar al inicio de tu vida o dejaste de hacer otra cosa por desarrollarte y lograr lo que tienes, por ejemplo, haber dejado de viajar, de conocer otros lugares, posiblemente de haber iniciado y fuera otro el negocio que tuvieras ahorita?

D. No he sacrificado a mi familia. A los pocos años de estar en la empresa nació mi hijo menor Allan. Agregándole que tuve la fortuna de ayudar a mi hermano mayor a criar a tres de sus hijos varones, los cuales tuve a mi lado dando como resultado **CINCO VARONES** que me ayudaron y me dieron la fortaleza para seguir día a día al frente de mi trabajo y así sacarlos adelante en sus estudios.

Hoy en día puedo presumir que cuento con una familia unida con mis dos hijos y mi esposo. Vivimos en el negocio, quizás no me he dado la oportunidad de viajar por cuestiones de tiempo o porque no me gusta subir al avión, pero sí hago viajes de repente como turista a corta distancia (hoy con la pandemia está de moda) e iniciar otro negocio, mmmm. . . honestamente no lo había pensado. Me gusta lo que hago y lo disfruto como no tienes idea, más bien no sé qué sería de mi vida si no estuviera aquí.

JC. ¿Cuál ha sido alguno de los principales factores o secretos que formaron tu éxito?

D. La perseverancia, la pasión al trabajo, el amor a la familia y la determinación firme, entre otras, claro.

JC. ¿Cómo te ves en diez, veinte y treinta años?

D. En treinta años me veo con buena salud, primeramente con la bendición de Dios, en diez o veinte años, quizás, pensando en el retiro y disfrutar a los nietos.

JC. ¿Qué te gustaría dejar como legado al final de tu vida?

D. Primero, que mis hijos tengan bien claro que mi amor de madre es real e incondicional, que entiendan el sentido de responsabilidad e independencia, que sean capaces de reconocer sus errores y pedir perdón, ofrecer disculpas cuando sea necesario, ese sería mi mejor legado como persona; en cuanto al trabajo, quizás, pueda dejar un legado en cuanto a la visión y a la misión de la empresa, para mí, en particular, es muy importante cubrir las necesidades de un usuario, puesto que el objetivo principal de ellos es venir a descansar y disfrutar sus días de la mejor manera.

JC. ¿Qué dirías como agradecimiento final?

D. Me siento muy afortunada que me digas que soy una persona especial en tu vida y que me consideres para agregarme en tus libros, así como tú admiras mi evolución en la vida laboral, de la misma manera admiro tu perseverancia de seguir adelante y de ser siempre una mejor persona y el profesionista exitoso en el que te has convertido. Es, de verdad, un honor relatar con tu amistad de tantos años. Podríamos contar mil anécdotas y reírnos tanto que nos van a doler las quijadas. Yo solo quiero pedirte que nunca cambies ese entusiasmo ocurrente.

Con Diva vemos una historia diferente. Sus virtudes o sus pilares para lograr el éxito han sido las siguientes:

- La honestidad.
- La perseverancia.
- El agradecimiento.
- La familia.

Su vida está marcada por una lucha continua que inicia a muy temprana edad, siendo una niña, cuando queda huérfana a los ocho años; ahí inicia su batalla por seguir un camino de valores que la llevaron a que Dios la recompensara con una oportunidad de trabajo que, basada en la honestidad y en una conducta intachable, la tiene ahora como directora general de un grupo de empresas cuidando un patrimonio muy importante, pero ¿cuáles fueron los retos de Diva?

Imaginemos que vamos a una entrevista de trabajo para un puesto de confianza en el cual tus únicos argumentos son tu habilidad para mostrar que eres una persona de fiar, pero llegas sin un currículum que ampare tu experiencia o esa confianza que pregonas, adicional a que tu jefe es extranjero y tú no hablas un inglés aceptable, entonces ¿qué tienes que hacer?, ¿cómo le hizo Diva para ganarse la aceptación de su jefe y probar sus valores y su potencial en el negocio que le fue conferido?

Estas preguntas se las dejo como reflexión para que cada uno de nosotros descubramos cuáles serán nuestros argumentos cuando tengamos una negociación. Nada es imposible y no todo nos saldrá como lo queremos, pero sí es un hecho que todo lo que nos pasa forma parte de nuestras experiencias. La cuestión es nunca detenerse, nunca parar, nunca dejar de intentarlo, siempre tener una conducta que nos ayude a salir adelante en nuestros planes de vida, así como lo hizo y lo está haciendo Diva. ¡Felicidades por eso!

PERSONAS CON VIDA DIFERENTE

Al igual que los casos de éxito, tengo que hablar de las personas con experiencias diferentes. No hablaré de la palabra fracaso, porque no es un término de uso común en mi vocabulario, pero sí comentaré a detalle cada una de estas historias como lo hice en el apartado anterior, para que nos sirvan de referencia. Es muy importante que aprendamos de los errores de los demás con el propósito de no experimentar en carne propia lo que otros(as) ya vivieron y no les resultó; ¿para qué vivir algo que, de antemano, sabemos que no terminará en buen puerto? No seamos necios ni nos aferremos a donde no debemos, sabiendo que perderemos; mejor vivamos, conozcamos las rutas de los demás y, a partir de eso, elegir la nuestra. Veamos, pues, cada historia.

Juan Carlos Cervantes López

Hablar de él es hablar del polo ártico y del polo antártico, del día y de la noche, del desierto y de la selva, de nacer y de morir, etcétera. Una situación que se torna literal como los ejemplos mencionados. A él lo conocí dentro del ámbito profesional desde la cuna, luego creció y se desarrolló plenamente, pero ésto le duró no más de cinco años. Pensé que ya estaba a punto de subir a la locomotora o al tren viajero, pero no fue así, sino que transbordó al tren descarrilado.

De la noche a la mañana sucedió todo. De andar en un tren nuevecito, todo se tornó hacia un instante en el que, de repente, ya estaba en un tren que se salía de su carril por completo, donde los conflictos profesionales eran tan serios que le daba sentido al dicho "la confianza para ganarla puede llevarnos toda una vida de lucha, pero para perderla con un chasquido de dedos lo haces"; por tanto, todo eso, ¿a qué nos lleva? A que nunca debemos bajar la guardia, debemos estar atentos para atender siempre nuestros quehaceres como si fuéramos novatos en todos los sentidos, es decir, combinar la experiencia de los años con la sorpresa y el entusiasmo de cuando iniciamos; nunca debemos sentir que tenemos todo ganado, ya que, como lo he reiterado, es una constante batalla donde el trabajo, la perseverancia y la disciplina son factores claves e indispensables.

Haber visto el crecimiento profesional y la decaída de este caso me hizo reflexionar seriamente acerca del cuidado que debemos tener cuando alcanzamos un nivel de éxito al que hemos dedicado años de vida, de trabajo y, como en mi caso, de mucho estudio. Al estar ahí encontrarás elementos que pueden catapultarte para subir a la locomotora o al tren viajero, pero no te garantiza que nunca correrás el riesgo de bajar, porque recuerda que estar dentro implica nuevos retos, nuevas luchas para vencer lo negativo y lo difícil o, como en el caso de Juan Carlos, evitar que te venzan, porque una vez que te atrapan, la caída es inevitable; no obstante, ¿cuáles son esos retos de los que te hablo?

Llegar al nivel del éxito deseado es un reto en sí mismo, pero el mayor reto es, como dicen, mantenerse y no tropezar después de una trayectoria larga y sostenida de trabajo duro, sin el riesgo de cambiar hacia trenes que causarían inevitables caídas, con el objetivo de seguir avanzando, porque aquel éxito no es el único existente, pues a medida en la que vamos evolucionando, adquirimos mayores necesidades, cuestión que representa otro tipo de niveles de éxito y eso debes tenerlo muy claro.

Habrá factores o situaciones que se pongan frente a nosotros y que pondrán a prueba nuestra habilidad de esquivarlas e impedir que destrocen el camino que vamos arando. Algunas nos envuelven y provocan una serie de escenarios y cambios en nuestro mundo que nos recolocan y de estar en un tren de vida agradable, con un futuro promisorio, nos coloca en un oscuro abismo donde muchas veces es complicado salir más no imposible. Si no podemos eludir circunstancias complejas, entonces sí podemos enfrentarlas con sabiduría para continuar sentados en cómodos trenes que seguirán su trayecto hacia éxitos muchísimo más grandes y trascendentes para nosotros(as).

Para el caso particular de Juan Carlos, estos factores / hechos son los que descarrilaron a ese exitoso plan de vida que llevaba y a continuación desglosaré cada uno para su mayor comprensión:

- El ladrillo.
- El ego.
- La soberbia.

El ladrillo

Después de años de haber tenido el deseo de cambiar de posición económica, logramos el objetivo, pero ¡zaz!, un día perdemos el piso y de repente sentimos que estamos por encima de los demás. Sentimos que todo lo merecemos, inclusive, que le podemos pedir cualquier cosa a nuestros compañeros de jerarquía y tienen sí o sí que aceptar y eso ni se diga de los que todavía están luchando por alcanzar esa posición a la que hemos llegado.

¿Qué pasa con las personas que nos vieron luchar incansablemente para lograr lo que ya tenemos? De un momento a otro ya no nos invitan a reuniones familiares, ya no son un ejemplo a seguir, ya no nos dan las responsabilidades que nos daban antes; de igual forma, los proveedores de nuestros bienes como la vivienda y el transporte propio envían cartas de apercibimiento por atrasos en pagos y nuestros fieles colaboradores inician con la búsqueda de nuevas oportunidades profesionales en otros lugares, argumentando cambios de domicilio o justificándose porque ayudarán a un amigo de sus padres —casi nunca existen, solo es un pretexto para dejar los puestos.

En fin, el panorama que describen los párrafos anteriores define el pequeño desnivel virtual que Juan Carlos Cervantes López construyó solo y ahora le cobra factura. De la noche a la mañana terminó lo que obtuvo con los años, por ejemplo, su divorcio o el extremo de mendigar ayuda de personas que habían soportado su altanería; sin duda, su tren se ha descarrilado y tendrá que empezar de nuevo, la cuestión es que los años hacen su trabajo y la edad juega un papel importante en este nuevo inicio. La confianza generada en su primer proceso se ha roto, pero el tiempo es el único que dará razón para ver qué pasa con la vida de Juan Carlos que, dicho sea de paso, no se les olvide que es un caso real, pero el nombre lo he modificado por respeto a su persona.

El ego

Éste viene de la mano con **el ladrillo**. Son parientes muy cercanos. Cuando entras en un estado donde crees que todo lo mereces y que los demás están para servirte sin condiciones, entonces acabas de iniciar tu debacle. Recuerdo bien las molestias de Cervantes cuando lo veía en las reuniones de carne asada o en restaurantes. Si no era él a quien le sirvieran primero, así fuéramos cincuenta personas o más en algún evento, era motivo de molestia inmediata. Como puedes darte cuenta, él estaba por encima de todos y la atención de cada uno sí o sí debía ser hacia él de cualquier modo.

No sabría describir qué es lo que nos pasa cuando entramos a este nivel emocional que lo único que nos causa son problemas, pues creo y tengo la percepción de que todos tenemos nuestro lugar bien definido en la vida y que nadie está por encima de los demás, pues todos merecemos respeto, no hay poder económico que te haga valer más ni menos que nadie.

Ver a Cervantes lidiar —porque es menester subrayar que lidiaba mas no luchaba— con sus demonios egocentristas era increíble, ya que nunca hizo nada por aprender de esas experiencias. Si discutía con alguna persona en un restaurante o en una fila para el banco, siempre concluía que él tenía la razón. Nunca hubo, en el tiempo que lo conocí, una reflexión sobre sus actos que le haya servido de aprendizaje y lo haya incentivado hacia un cambio en su actitud. Nunca lo hizo. Aun con el tren descarrilado de su vida, para él todos fallaron, pero ÉL NUNCA.

La soberbia

En este ámbito, Cervantes ganó el campeonato de soberbia vigente. No había (ni he) conocido a una persona con un grado de soberbia tan alto como él. Dejé de verlo rutinaria y profesionalmente desde el 2011 cuando se le descarriló el tren, aunque después solo sabía de él por amigos en común y hablaban respecto a cómo estaba consolidando su declive en todo sentido hasta septiembre del 2020.

Recuerdo que una vez lo invité a cursar la maestría en impuestos juntos. Asistió una semana a clases y la siguiente dejó de ir. Le pregunté "¿qué pasó, Cervantes? No fuiste a tomar clases" y me contestó "nombre, Juan Carlos, a esos maestros de esa escuela estoy para darles clases. Me deberían de pagar para que fuera y les compartiera mis experiencias". Yo me quedé "de a seis", ya que, en lo personal, todos los días aprendemos cosas nuevas, ya sean técnicas (en instituciones) o de la vida diaria. Siempre estamos en constante evolución, por tanto, siempre estamos aprendiendo. Otras veces me enseñaba sus escritos de promoción que presentaba ante las autoridades administrativas al mismo tiempo que regañaba a los funcionarios, porque no le daban la razón. ¡Bueno!, ¡bueno!, ¡una soberbia enorme sobre sus actos!, pero lo exitoso de su vida profesional terminó en lo que ya les he contado: un tren descarrilado.

Como puedes ver, estos tres factores que tuvo Juan Carlos Cervantes López afectaron de manera directa su plan de vida. Al comenzar, dentro de sus proyectos, no estaba enfrentar este tipo de experiencias, ya que en su lucha laboral inicial no lograba ver este tipo de actitudes, pero cuando llegó al nivel de éxito donde tuvo acceso a ellas al vivir bien en todos los sentidos, entonces comenzó a ver a los demás por debajo de sí mismo.

Como me tocó conocerlo y convivir con él, puedo decirte que su principal reto fue **el ladrillo**. No pudo contenerlo. De ahí apareció **el ego** y luego, casi de inmediato, **la soberbia**. Se le juntaron los tres retos y ya no pudo con ellos. Pensó que sin trabajar podría seguir con su nivel de vida y no, esto no para nunca. Lo he dicho en otros párrafos —¿o en mi otro libro? No recuerdo bien—, el camino del éxito es como andar en bicicleta, es decir, si dejas de pedalear te caes.

Para terminar este caso, hagamos un acto de contrición y analicemos si tenemos algunas situaciones así que podamos identificar para hacerlas a un lado. Recordemos que hay un legado por dejar a nuestra descendencia y deberá ser digno de nuestras familias.

Agapito Pérez

A la situación de fracaso que les narraré no le encuentro explicación alguna. Es difícil entender que cuando tienes todo para triunfar, te quedes a medio camino o posiblemente ni logres agarrar vuelo para pedalear en el camino del éxito. Reitero, es difícil entender que cuando tienes todos los elementos a tu favor para marcar la diferencia, simplemente no lo haces. Este caso es atípico, ya que después de haber aprendido dos oficios certificados en nuestro país vecino Estados Unidos de América (EE. UU.) y bien remunerados como la construcción y la electricidad, luego regresar a México para reiniciar tus estudios y finalizar una licenciatura más de dos posgrados, viene la pregunta ¿por qué esa persona que ya comenzaba a transitar por el camino que conducía al éxito se quedó actualmente con un trabajo ordinario que no requiere de estudios ni profesionales ni técnicos calificados y que, por lo tanto, abandona todo lo aprendido años atrás?

Para este individuo, hay dos situaciones muy particulares que descarrilaron el plan tan exitoso de vida que había construido:

- El conformismo.
- El egoísmo.

El conformismo

¿Será esta la respuesta a este caso?, ¿será que logrando una vida medio estable donde tus necesidades básicas son cubiertas por un salario muy por debajo de los demás quisieras ya no hacer más por ti ni por los demás?, ¿no será esto conformismo?, porque adicional a que conviertes tu vida en algo mediocre, envuelves a los demás a un estilo de vida donde no haces nada por marcar una diferencia que arraigue hábitos de superación y de crecimiento en todos los sentidos y ¿solo eso provoca alguien conformista?

No. Alguien conformista provoca que la gente que lo(a) rodea, de quienes pudiera ser un ejemplo de éxito y superación, ahora es lo contrario. Lo lastimoso de ese tipo de vida es que los que están cerca del conformista posiblemente quieran llevar esa vida, pero ¿quiénes son esas personas? Serían hijos(as), parientes, amigos(as), etcétera; por eso me enfoco no es la posibilidad de que exista el conformismo (es evidente), sino en el efecto dominó que causará en otros(as) a través de acciones.

El egoísmo

En este tipo de personas es fatal, porque con el egoísmo no tomamos en consideración lo que causamos en los demás, simplemente pensamos en nosotros sin importar qué consecuencias destructivas podemos ocasionar. Es lógico que nos lastimemos al principio, pero lo incorrecto y grave viene cuando otras personas se ven afectadas cuando nos enfocamos en nosotros mismos pero al extremo.

¿Qué complicado es no considerar el bienestar de los demás y peor aún no considerar el bienestar propio desde una perspectiva sana? Simplemente damos rienda suelta a lo que nos parece bien sin importar si es correcto o no, si es bueno o no; es decir, solo actuamos pensando en nuestras comodidades, nuestras ideas aunque no sean las mejores ni para uno(a).

Ahora bien, ¿cómo detectar cuando tenemos una actitud egoísta muy arraigada a nuestra conducta?, ¿qué tengo que hacer para saber si mi comportamiento es el mejor, tomando en cuenta que pueda ser benéfico tanto para mí como para quienes me rodean?, ¿cómo hacer un círculo virtuoso que cierre beneficios para los que estén más cerca de mí, ya sean familiares o personas que vaya conociendo en mi camino?

No sé qué es lo que pueda ocasionar una conducta egoísta, pero creo que un parámetro muy importante a considerar es voltear a ver a mi núcleo principal (la familia) y distinguir qué nivel de vida les estoy dando y cuestionarme si es adecuado o puedo esforzarme todavía más, dejar esa zona de *confort* y realizar más y mejores cosas con mi tiempo, a pesar del "sacrificio" temporal que deba hacer por la dedicación y la entrega que eso implicaría, con el único objetivo de convertirme en una mejor persona, de compartir los logros que vaya obteniendo y diferenciando estos dos carriles donde, el primero sí consiste en verme por mí, pero jamás con la intención de pasar por encima de ellos(as) o dañarlos(as) a costa de lo que quiero y deseo y el segundo consiste en ver por los demás con moderación. No es fácil, pero por supuesto que es posible deshacerse de este nivel de conducta tóxica.

En conclusión, Agapito aún tiene dos retos en su vida que parecen fáciles, porque no se catalogan como vicios, por ejemplo, las drogas, el alcoholismo u otra enfermedad que requiera de algún tipo de atención especializada o de un padecimiento crónico que pudiera alentar su crecimiento integral; sin embargo, estar lidiando con actitudes tóxicas ha sido fatal. Con tantos atributos o competencias que pudieran elevarlo a un nivel donde fuera capaz de compartir sus aprendizajes y experiencias con los demás, para generar riqueza en todos los aspectos, simplemente diga "así estoy bien y no haré más". ¿Cuántas personas en el mundo quisieran estar en esta situación?, ¿tú eres perezoso o egoísta?

Lamar León

Ahora platiquemos acerca de Lamar y de quien sus experiencias voy a contarte a detalle. También fuimos colegas. La comodidad lo conquistó y el hábito de no esforzarse demasiado lo puso en un lugar donde él quería estar relajado y sin preocupaciones.

Una de las razones por las que me motivé a relatarte su historia es que, a pesar de no esforzarse, pretendía ganar la simpatía y el reconocimiento de los demás quedándose horas extras en su oficina con lo que aparentaba mucho esfuerzo, pero cuando revisaban su computadora se daban cuenta que en su historial no había archivos de trabajo sobre los que estuviera sacando pendientes y demás. Lo que estaba en su máquina era un cúmulo de páginas electrónicas de series de televisión, o sea que se quedaba a ver programas de entretenimiento y nunca se quedaba realmente a trabajar.

De esta manera es como podemos sospechar cuáles será los factores que descarrilaron el exitoso plan de vida que llevaba, así que aquí los enlisto:

- La pereza.
- El engaño.

La pereza

Hablar de Lamar León es hablar de pereza en toda la extensión de la palabra. Truncar el éxito que te permitiría estar cómodamente sentado en el tren de vida lleno de bonitas experiencias solo por la pereza es inaceptable. Cuando se tienen todos los recursos económicos, la capacidad física en condiciones excelentes, buenos principios, así como buenas oportunidades de crecimiento personal y profesional y con todo eso no lograr un nivel de vida óptimo, entonces se complica entender por qué algunas personas amparadas en la pereza dejan de crecer, de enseñar, de ser un ejemplo de vida; simplemente quedan atrapadas en este pecado capital tan dañino que te lleva a un destino lleno de pretextos y recuerdos de las puertas que estuvieron abiertas y se ignoraron por completo y que se cerraban conforme pasaba el tiempo, pues este último no perdona y evidencia quien realmente eres: un(a) perezoso(a) que, siempre acompañado(a) de una buena vestimenta y un buen modo de hablar, reflejará malos resultados que conducirán inevitablemente hacia donde deberás estar, es decir, la mediocridad donde solo recibes migajas de personas que lograron desarrollar ese potencial que todos tenemos para obtener éxitos y compartirlos con los demás.

La pereza por sí sola habla de que es enemiga de la gente exitosa. Es muy difícil que digamos "¡miren", ¡ese flojo, sin trabajar, ha logrado todo ese éxito que ahora tiene!"; en cambio, es muy común escuchar comentarios como "¡miren!, esa persona, después de un tiempo de mucho trabajo, ¡qué bien vive!, ¡cómo comparte con su

97

familia y sus vecinos!, ¡tiene fuentes de empleo gracias a su esfuerzo durante tantos años!".

El engaño

Vivir en el engaño es una bomba de tiempo, porque tarde o temprano todo se vendrá abajo. El tiempo no perdona ni te deja mentir más de la cuenta, porque al final del camino todo saldrá a la luz y no habrá manera de ocultar todas tus mentiras. Si bien es cierto que podrás pasar un tiempo culpando a los demás, decir que todos tienen la culpa de tu fracaso y seguir en esa postura durante días, semanas, meses, años y así sucesivamente, también es cierto que el primero en evidenciar sus engaños eres tú mismo.

Puedes tener éxito mintiendo a los demás, pero a ti nunca podrás engañarte. Cuando buscas culpables por no haber logrado tus objetivos planteados, en un principio, recibirás apoyo, condolencias y todo tipo de consideraciones por tus fracasos y muchos van a creerte, porque el engaño, como hábito, te hace un especialista de la mentira, pero recuerda que no es eterno. No obstante, poco a poco todo se va desplomando, se van cerrando puertas, tu credibilidad va cayendo a un punto donde viene la tortura mental que te acompañará hasta que enfrentes todas las falsedades que dijiste para crear un parteaguas en tu vida e iniciar una nueva vida.

Las experiencias que he tenido con personas mentirosas me han llevado a darme cuenta que se rodean y pertenecen a grupos que tienen la misma característica, es decir, se juntan con personas que justifican sus fracasos culpando a otros(as) diciendo, por ejemplo, "si hubiera tenido otro equipo de trabajo, entonces...", "si hubiera tenido a otra persona a mi lado, entonces...", "si hubiera tenido una máquina distinta, entonces...", "si hubiera nacido en un lugar diferente, entonces..." y así una bola de justificaciones a través de los que, reitero, al final se destapan y llega ese momento de hablar con la verdad y de poner todo en su lugar.

Como vemos, la pereza y el engaño, en este caso, fueron fundamentales para la caída de Lamar. A la fecha sigue lidiando con ello y sigue fingiendo que trabaja demasiado, pero escondiéndose detrás de este par de hábitos difíciles de eliminar, pues cuando se arraigan a nuestras vidas es complicado quitárnoslas de encima y cada vez resulta peor aceptar que las tenemos aunque eso implique perder a nuestras familias que esperan (y esperarán) lo mejor de nosotros(as) y muchas veces, por no tener la humildad de escuchar, perdemos todo. La cuestión es ¿podemos identificar si somos perezosos?, ¿nos gusta engañar a los demás?

COMPARATIVA ENTRE AMBOS TIPOS DE PERSONAS

Ahora haremos un pequeño cotejo entre las personas que ya van en el tren de vida en el que muchos queremos estar con las personas que, por diferentes causas, no han logrado subir mínimo al tren nuevecito.

En nuestra evolución, desde que nacemos, algunas circunstancias pueden afectar nuestro crecimiento. Unos tenemos la habilidad de vencer esas situaciones y obstáculos; a otros, por determinados factores, se nos complica. Con este contexto comprenderás, lector, aún más, el único sentido de esta narrativa que transcurre a lo largo de este libro: ubicar dónde estás parado(a), a dónde quieres llegar, qué tienes que hacer y qué tienes que evitar para lograrlo. Por eso, espero que los casos anteriores y las anécdotas que muy amablemente nos compartieron personas que, como lo he indicado, omití sus nombres verdaderos por respeto, te hayan servido de aprendizaje, puesto que el objetivo principal es identificar qué fue lo que les afectó y así tener cuidado y no caer en esos mismos errores o de vivir experiencias similares.

La intención nunca será criticar a nadie, porque en la vida nada está escrito, quién dice que los que estamos bien, de repente, Dios (o la deidad en la que creas) nos envía una prueba con la que debemos tomar la decisión de caernos y levantarnos. ¡Vamos!, ¡sigamos adelante!, tratemos de hacer lo correcto para que, en caso de una desavenencia, el ser al que le tengas fe nos envíe la bendición de salir victoriosos(as).

Ahora bien, aquí muestro la idea principal que resume las acciones y los factores de cada experiencia y la manera en la que los protagonistas actuaron para enfrentar sus situaciones **(Véase Tabla 1).**

Analicemos cada uno de estos factores que, así como unos han sido pilares en la vida de las personas de éxito, otros han sido claves para impedir el desarrollo de su plenitud. Con ello, hay que hacer una introspección para detectar qué experiencias hemos vivido, en cuáles debemos trabajar, cuáles debemos reforzar, cuáles debemos evitar y reconocer cuáles están afectando nuestro crecimiento.

Hay algo que salta a la vista cuando examinamos los factores en ambas clasificaciones y es que no hay casos de adicciones (alcoholismo, drogadicción, ludopatía, etcétera) y estos vicios, a mi parecer, pertenecen a un grupo de enfermedades que necesitan tratarse con metodologías diferentes y especializadas.

Tabla 1. Tabla Comparativa.

Factores que aplicaron las personas a bordo de trenes del éxito:	Factores que aplicaron las personas que aún no abordan los trenes del éxito:
Don Pedro Pérez:	**Juan Carlos Cervantes López:**
- Visión clara de lo que quería en su vida. - Proyecto a largo plazo.	- El ladrillo. - El ego. - La soberbia.
Miguel Guga:	**Agapito Pérez:**
- Respeto a la palabra, aprendizaje de su padre (Q.E.P.D.). - Gratitud o agradecimiento por todo lo que Dios le ha dado. - Perseverancia para lograr los objetivos planteados. - Amor incondicional a su familia y viceversa.	- El conformismo. - El egoísmo.
Diva Elizabeth Vela Varela:	**Lamar León:**
- Honestidad. - Perseverancia. - Agradecimiento. - Familia.	- La pereza. - El engaño.
Josué Naranjo:	
- Perseverancia. - Contratar a personas que sepan lo que hacen. - Relación personal con proveedores viéndolos como sus socios comerciales. - La rueda de la fortuna no espera a nadie; o te bajas o te quedas.	

Experiencias familiares

Pilar de mi estabilidad emocional

Después de haberles mostrado la tabla comparativa, narraré lo que a mí me ha fortalecido ante todo para seguir en el tren nuevecito. Esa fortaleza es mi familia que me ha servido de trampolín para, algún día, subir con ellos a la locomotora o al tren viajero; sin duda, en cualquiera de los dos, si Dios quiere, llegaré al tren místico.

A continuación, ahondaré en las vivencias que he tenido con mis hijas Alexandra, Diana y Karla y con mi hijo Diego y, por último, contaré cómo ha sido mi vida junto a mi esposa Liliana.

Mi hijo Diego

Diego es excepcional. Le digo que es mi esperanza para que mi apellido Escárrega permanezca, pero me dice que no, que no piensa tener hijos(as). Está joven y espero que cambie de parecer. Esa postura es la común en tres de mis cuatro hijos, solo Karla afirma que me dará nietos(as). Espero con ansias conocer al menos uno de cada uno. Dios me lo concederá.

Actualmente Diego está por concluir su licenciatura en Psicología Organizacional en Cetys Campus Tijuana. Uno de sus planes es vivir en Canadá, porque le llama la atención el estilo de vida de ese país y de hecho ya está revisando lo necesario para un posible intercambio estudiantil para cursar un semestre con un plan de estudios afín a su carrera, lo que haría que acredite sus materias y aprovecharía el tiempo allá. Anhelo que logre sus metas y pueda desarrollarse a plenitud, que llegue a una vida adulta satisfecho con su plan de vida y que no divague mucho en este corto lapso que tenemos de existencia.

Disfruto mucho su compañía cuando jugamos golf. Son cinco o seis horas las que pasamos en el campo platicando sobre sus planes y otras veces nos comunicamos en silencio, porque no habla mucho y así pasa el tiempo, pero sigo a su lado, no me despego ni un momento cuando de repente habla y se suelta contándome cosas de la escuela, de sus proyectos en Canadá, en fin, de muchas cosas. Espero en Dios que se cristalicen todos sus sueños.

Vivir la experiencia de jugar algún deporte con tu hijo es tan dulce como el sabor de la miel, por eso a Diego y a mí nos encanta el golf.

Esta reflexión me la envió Rafael Topete, un muy buen amigo de la Ciudad de México:

Enseñarle a tu hijo a jugar golf es dejarle una parte de ti. Eso significa que, aunque ya no estés, seguirás presente. Enseñarle a tu hijo a jugar golf es hablarle sobre la vida. Enseñarle que la competencia es contigo mismo, que para tener buenos resultados hay que prepararse, que entre más te prepares, tu suerte mejorará, que llegarás tan lejos como estés dispuesto a comprometerte, que el talento no es suficiente, que nadie jugará por ti, que tú eres responsable de tus decisiones, que en ocasiones las cosas no saldrán como las planeaste, que si sigues pensando en tus errores, no podrás corregir tu rumbo; que lo más importante no está en el pasado ni en el futuro, está en el presente; que se vale sentirse mal después de un mal golpe, pero te tienes que reponer pronto para seguir jugando; que no se debe tomar todo en serio, que la actitud cuenta más de lo que parece, que el éxito está en la recuperación, que la diferencia está en los detalles, que siempre debes evaluar tus opciones, que cada golpe cuenta, que las más grandes hazañas surgen de la adversidad, que no importa qué tan malo fue tu día, pues siempre hay otra oportunidad; que no debes dar algo por ganado o por perdido si el juego no ha terminado, que hay que seguir las reglas, que la honestidad es parte esencial del juego, que hay muchas formas de llegar a un objetivo, que el éxito es el resultado del trabajo en equipo, que se necesita de un *coach* para mejorar, que no importa qué tanta experiencia tengas, siempre hay algo nuevo por aprender; que a veces se gana y a veces se aprende, que llegar puntual es llegar diez minutos antes, que la vida se disfruta mucho más cuando estás en compañía de tus amigos, que entre golpe y golpe siempre hay un momento para distraerse, que al final de cada día siempre hay historias que recordar.

> **Nota:** este párrafo ha sido transcrito sin dolo y únicamente con la intención de compartir una de las reflexiones más bellas que puedes atesorar de un amigo como el mío. Ahora yo seré el tuyo, lector.

De hecho, el 25 de julio de 2020, a más de seis meses que inició la pandemia de la COVID-19, hace casi un mes que empecé de nuevo a jugar golf con mi hijo Diego, porque los campos los cerraron desde marzo del mismo año y duramos casi cinco meses sin jugar.

Ha sido todo un reto para mí. Él, por su edad de veintiún años, tiene menos paciencia que yo. Se desespera cuando no conecta bien con la pelota, hace berrinches que me desesperan y eso me hace pensar que me la paso mejor con mis amigos, pero luego reflexiono y digo "en estas ocasiones es cuando me necesita a su lado". Ayudarlo no significa que me convierta en un *coach* profesional, sino estar a su lado como lo haría un *coach* personal. Hacer un comentario por más leve que sea sé que le resulta agradable, nunca lo juzgo ni le critico un mal golpe; al contrario le doy ánimo para que mejore y no siempre lo hago con palabras, sino que permanezco a su lado y, como lo mencioné párrafos atrás, respeto su silencio.

También hace algunos golpes muy buenos, casi de trescientas yardas. Ver su sonrisa cuando conecta me hace sobreponer todos los berrinches que hace —no son gritos ni tiradero de palos ni vociferación de malas palabras, sino que simplemente se refleja en su rostro—, por eso es muy importante respetar esos momentos que para él son desagradables.

En el golf, como lo mencioné, se compite con uno mismo; no obstante, hay algo más significativo que eso y es con quién compartes estos momentos. Es por esta razón que quiero estar a su lado, porque quiero que sepa que cuando tenga una experiencia, por más difícil que parezca, estaré a su lado sea en silencio o con algún comentario con mis mejores intenciones, pero siempre junto a él.

Esta es la misma filosofía de vida que tengo con mis hijas y con mi esposa. Cada una tiene características y experiencias diferentes y les narraré un poco acerca de ellas para que, posteriormente, explique la razón de esta dinámica, cuál es la finalidad de esto y cómo considero que estoy en mi presente.

Mi hija Alexandra 

Desde su niñez hemos tenido una conexión natural y, creo, por encima de lo normal. A la fecha, entre los dos y su mamá, hemos desarrollado un proyecto inmobiliario que nos ayudará a vivir y hacer otros proyectos a futuro. Con ella, las experiencias han crecido conforme han pasado los años. Siempre ha visto un papá incansable, que nunca se ha quejado de la vida ni que ha puesto pretextos para detener su crecimiento personal ni profesional.

Alexandra desde niña ha sido muy activa. Recuerdo que, cuando estaba en la primaria, atendía a niños(as) con síndrome de Down y practicaba deporte. A sus quince años obtuvo su primer trabajo en una nevería y también inició un proyecto en Las Vegas, Nevada con una muy buena amiga de su trabajo (Lily) donde organizaba eventos en la famosa ciudad que no duerme.

Su último trabajo fue en un hospital de San Diego, California, en una empresa farmacéutica alemana. Con el tema del desempleo que provocó la pandemia, dejó su cargo después de más de diez años, en el que desarrollaba nuevos medicamentos y tratamientos para enfermedades que aún no tienen cura en las áreas de Endocrinología, Oncología y Hepatología. Esta decisión permitió que acomodara sus planes para terminar su licenciatura en Mercadotecnia Digital.

Asimismo, inició con la administración del desarrollo inmobiliario que construimos junto a su mamá y, al mismo tiempo, se independizó como consultora en investigaciones clínicas y desarrollo de nuevos medicamentos que ayudan a que personas con padecimientos incurables tengan acceso a fármacos que mejoren su calidad de vida.

La idea principal era estar a su lado y formar parte de su desarrollo tanto profesional como personal, guiarla y que vea en mí un ejemplo positivo en su vida; esto adicional a sus actividades educativas, laborales y económicas. Actualmente está casada y muy emocionada por formar una familia.

Al igual que con Diego y con mis otras dos hijas, mi deseo es estar siempre a su lado y formar parte de sus anécdotas, para que, cuando llegue el momento y ya no tenga la misma energía, pueda visitarme con su familia y compartamos con su descendencia nuestras experiencias, pues eso dejará una bonita huella en sus vidas. ¡Sería fabuloso!

Mi hija Diana 

Hablar de Diana a sus veinte años es hablar de disciplina y orden en sus ideas. Siempre estuvo entre los primeros lugares de sus generaciones escolares. Es la hija que todo padre y toda madre quisieran tener en sus hogares.

Hace un año nos puso un jaque, porque quería irse a la ciudad de Guadalajara a estudiar la licenciatura en Ingeniería en Biotecnología. Cabe mencionar que en todo momento ha recibido nuestro apoyo para lograr sus metas y sus objetivos de vida, al igual que sus hermanos, por lo que habíamos aceptado su traslado a la ciudad tapatía, pero en una visita que hicimos Liliana y yo al Puerto de Ensenada, hablamos con unos amigos que estudiaron junto con mi esposa justamente en Ensenada y les planteamos la cuestión que Diana quería irse a estudiar fuera de nuestra ciudad natal. Todos los amigos de Liliana están casados y tienen hijos más o menos de la misma edad que la de nuestros hijos, así que uno de ellos nos preguntó por qué se iba a estudiar a otra ciudad ubicada a más de 2,200 kilómetros si Ensenada, ciudad vecina de Tijuana, está a ciento veinte kilómetros de distancia.

De inmediato, le preguntamos "oye, pues no sabemos si en Ensenada exista la carrera que ella quiere. Ya investigamos y las ciudades que la tienen son Monterrey, Ciudad de México y Guadalajara. De esas tres elegimos Guadalajara, porque tenemos amigos que nos pueden echar la mano y ayudarnos en una emergencia". Su respuesta fue "posiblemente no supieron, pero el año pasado se abrió y está por salir la primera generación" y contestamos "¡ahhh!, ¡ya ves!, ¡no sabíamos!, pero, a ver, cuéntanos más sobre la carrera". Ahí nos enteramos hasta del plan de estudios, porque uno de los amigos que estaban con nosotros era el coordinador.

Entonces regresamos a casa con gran entusiasmo, programamos una cita para conocer la escuela, para que Diana la viera. Recuerdo que ese día no pude acompañarlas (a ella y a mi esposa) por cuestiones de trabajo; no obstante, ambas regresaron encantadas, pues vieron que las instalaciones y los laboratorios estaban nuevecitos. Mi hija aceptó el cambio y hasta el 23 de agosto del 2020 asistió al curso propedéutico, el preámbulo para que posteriormente iniciara sus clases online (por la situación mundial).

Diana no es muy expresiva, pero su amor es tan grande como el planeta Tierra o más. Una de las anécdotas más especiales que tuve con ella fue esta: en los días de cuarentena, para evitar salir, le pedimos a una estilista que, por favor, viniera a nuestra casa para atender a nuestras dos niñas menores (Diana y su hermana Karla), a mi esposa y a mí.

Diana estaba muy emocionada, porque había decidido cambiar el *look* de su cabello. La estilista hizo su trabajo. Yo decidí raparme por completo, no me dejó ni un cabello. Diana fue a la última a quien atendió. Recuerdo que bajé del cuarto y la encontré a Diana en la escalera con los ojos llorosos. Para mí fue muy extraño verla llorar, porque antes de la llegada de la estilista estaba muy contenta; así que le pregunté "¿qué te pasó?" y me contestó "es que el corte de cabello no era el que yo quería". Traté de calmarla y le pregunté si le había dado las indicaciones correctas a la estilista, a lo que me dijo que sí, pero que posiblemente no le había entendido. El asunto era este: el cabello de Diana llegaba abajo de los hombros y quería un corte en capas hacia adentro y un poco arriba de los hombros; sin embargo, la estilista, al entender mal, le había hecho las capas hacia afuera.

De repente, en el primer piso de la casa ya no se escuchaba nada. Bajé corriendo a preguntar por la estilista, pero Liliana me dijo que ya estaba subiéndose a su carro estacionado frente a nuestra casa. Inmediatamente le pedí que le gritara para que no se fuera y ella, muy amable, se bajó, entró de nuevo a la casa y le pedí que si, por favor, podía dedicarle un poco de tiempo a Diana para que arreglara su corte conforme lo que ella quería.

Diana estaba un poco más tranquila y la estilista le comentó muy apenada "¡Dianita!, ¿¡por qué no me dijiste que no era como me habías dicho!?". Se pusieron de acuerdo y por fin el cabello le quedó como mi hija quería. Fueron detalles de entendimiento.

El mensaje principal de la anécdota no es si el corte iba hacia afuera o hacia adentro, sino el hecho de hacerle entender a mi hija que siempre estaré a su lado para solventar tanto un corte de cabello como el apoyo hacia lo que quiera lograr en su vida.

Mi hija Karla

Es la menor de mis hijas y mi hijo. Es muy alegre y le decimos La sinaloense por su personalidad abierta y juguetona. Su comportamiento tierno me deja sin defensa cuando me abraza y me dice "'pa, quiero una pizza" o "'pa, quiero una hamburguesa"; siempre la consiento con lo que me pida, aunque, claro, también tengo acciones disciplinarias con ella, porque podrá ser muy dulce y tierna, pero en ocasiones externa una parte de su carácter intransigente que ni ella misma aguanta y cuando sucede, le digo "¡cómo te pareces a tu mamá!" y, por supuesto, su mamá brinca y protesta y reclama que es lo contrario, es decir, que se parece a mí; el punto es que entramos en discusión para identificar a quién se parece cuando se pone de malas, pero aun así Karla se ve bonita.

A sus quince años me ha dado grandes satisfacciones deportivas; por ejemplo, ha sido campeona estatal de básquetbol, ha participado en mundiales pequeños en el mismo deporte; le gusta montar a caballo, etcétera. En general, Karla es muy buena en las actividades extracurriculares, porque en la escuela, de toda la familia, es la única que ha sacado seis en calificaciones parciales, pero le hacemos carrilla y le decimos que es un nueve invertido; no obstante, la adoro de la misma forma que a mis demás hijos.

Mi esposa Liliana Carrillo Castro 

Escribo su nombre completo para resaltar la importancia que tiene en mi vida. Es la columna vertebral de la familia, es nuestro pilar central. En ella me recargo y ella se recarga en mí cuando algo nos hace falta. Somos el complemento perfecto. Diana, Karla y Diego son nuestros frutos que se convertirán en árboles y de ellos brotarán otros. Su relación con Alexandra (hija de mi primer matrimonio) es excepcional. Desde que Liliana conoció a Alexandra se ha llevado bien con ella. Conviven, platican y, a veces, se ponen en mi contra cuando estoy de malas, cuestión que no me gusta, pero es parte del toque jocoso de la vida. Cuando viajamos, es un placer saber que vamos todos juntos y casi siempre nos acompaña el esposo de mi hija, Antonio (Tony).

Aún recuerdo cuando la conocí en aquella carne asada que organizó su grupo en la escuela —no daré más detalles, porque esta historia la relato en *Nacer pobre no es tu elección*.

Vivir pobre sí— y desde aquel día no he dejado de estar a su lado y espero morir así, pero sabiendo que nuestros hijos ya se realizaron y cada uno formó su propia familia. Junto a ella quiero llegar a una vejez digna, con una trayectoria honorable.

Entonces, si a mis cincuenta y un años apenas estoy a bordo del tren nuevecito que aún puede descarrilarse o quedar hueco, sé que puedo alcanzar el objetivo final que me hará feliz, porque, conforme pasa el tiempo, las posibilidades de que este tipo de tren se desvíe o de plano se salga del riel se van reduciendo y es en este proceso donde me surgen algunas preguntas que a continuación enlistaré y que procuraré contestar siempre que la vida me dé las respuestas correctas:

 ## PREGUNTAS Y RESPUESTAS

1. ¿Qué es lo que tengo que hacer en mi vida para subir al tren que quiero?

Primero que nada debo hacer un diagnóstico de mi vida, de cómo estoy actualmente con mi salud física, mi salud mental y mi salud espiritual y aquí te muestro, lector, los resultados de mi introspección:

● Salud corporal

Mi salud corporal debe estar completamente bien, sin términos medios; es decir, no puedo decir que mientras estoy bien de la presión, estoy mal del azúcar o viceversa, sino que tengo que estar al cien por ciento.

Debemos entender que si alguno de nuestros sistemas, ya sea nervioso, respiratorio, digestivo, óseo, circulatorio, locomotor, inmunológico, etcétera no funciona correctamente, pero puede curarse a partir de tratamientos básicos como dieta, ejercicio y algún fármaco, entonces debemos accionar rápido para sanarlos y no esperar a que la situación se complique. Recuerda que una enfermedad, en ocasiones, inicia con pequeñas molestias, te va avisando y nosotros(as) hacemos caso omiso a esas advertencias que nuestro cuerpo demanda. Es ahí donde vienen los problemas, porque no nos atendemos a tiempo.

Por tanto, atendámonos con anticipación para evitar consecuencias negativas y mayores. Lo reitero: si hay algo invaluable en esta vida es nuestra salud en todos los aspectos.

● **Salud mental**

En nuestros planes, este tipo de salud forma parte fundamental para que fijemos bien nuestros objetivos. No debemos andar por esta vida con resentimientos, sino que debemos aprender, primero que nada, a perdonarnos y luego perdonar a los demás.

La mayoría de las veces, las personas con las que estamos mal no saben que nos hacen daño y la realidad es que el daño principal nos lo hacemos hacia nosotros(as) por ese enojo y rencor que les guardamos; por tanto, está en nosotros(as) la solución y el alivio.

Estar bien mentalmente es uno de los retos más complejos que debemos trabajar todos los días y más cuando somos afectados por terceros, porque puede entorpecer el logro de nuestros objetivos.

Un factor que también puede ser determinante en nuestra forma de ser y, por supuesto, en nuestro desarrollo es la infancia, cómo y dónde nacemos. ¿Cuántas veces hemos escuchado la expresión "¡claro!, ¡como tú no naciste donde yo nací, se te hace fácil todo!", "donde yo nací las cosas no eran así"? Hay un sinfín de pretextos que arrastramos para que nos sirvan como excusas que impiden que obtengamos lo que es importante para nuestra vida.

Tenemos que dejar atrás todo lo que nos afecta, todo lo que en nuestros pensamientos cause disturbios evitando subir la escalera hacia el éxito. Debemos romper con esa infinidad de cosas que atrofian nuestra mente y causan actitudes negativas y estados emocionales inestables que nos harían tropezar una y otra vez hasta llevarnos al fracaso.

Como lo mencioné en párrafos anteriores, la salud mental puede ser afectada por terceros, pero qué bonito es cuando los conviertes en motores para tu vida, los vas venciendo poco a poco y se transforman en el trampolín hacia la escalera del éxito, pero ¿qué tienes que hacer para que esos factores te sirvan como inspiración en el logro de tus objetivos?

En mi caso te platico esta anécdota: el reto mental a vencer era comprender cómo y dónde nací. En el aspecto financiero, mi infancia fue muy precaria y eso acumulaba una serie de obstáculos que debía enfrentar; no obstante, en lugar de verlos como desafíos impasables, los veía como motivaciones; por ejemplo, al terminar la primaria, mi familia no tenía recursos económicos para que pudiera estudiar la secundaria. Entonces hablé con mis padres y les pedí permiso para que me dejaran trabajar. Fue así como superé este punto y subí el primer escalón.

De antemano sabía que tampoco habría dinero ni para cursar la preparatoria ni mucho menos para estudiar una licenciatura en la universidad o algún posgrado, pero mi constancia y mi disciplina a partir de aquel momento me dieron la fortuna de tener esos dos grados académicos en mi historial profesional.

¿Qué hice y qué hago para transformar un obstáculo en una motivación? Mantengo mi mente sana, sin prejuicios ni dándole significado a la palabra "imposible", sino al contrario, siempre trato de hacer algo importante que impacte y deje huella en mi camino por esta vida y así llegar a lo que he mencionado más de una ocasión en las páginas que has leído hasta ahora: abordar la última estación en el mejor tren que pueda haber en compañía de mi familia y decir con satisfacción que hice todo lo que siempre me propuse, dejando un buen legado.

Estar mal de nuestra salud mental implica que lo que hagas o programes no te saldrá bien porque tu mente no estará enfocada en lo que le corresponde. Estará enferma y serás tú quien la sane. No hay médico que pueda ayudarte si no estás dispuesto(a) a hacerlo. Cúrate para que todo reto logres vencerlo con una mente clara y fuerte.

● **Salud espiritual**

Ahora que estás sano de tu mente y de tu físico, conéctate con tu lado espiritual, con lo divino, apégate a la deidad o a la energía en la que creas, porque nunca te dejará desamparado(a), solo ábrele tu corazón. Yo creo en Dios y sé que Él siempre estará esperándome en la puerta de su alma.

Manteniendo la estabilidad en los tres estados de salud básicos que te he desglosado, podrás tener la certeza de que si llevas a cabo cada acción bajo la estructura de la perseverancia y la disciplina, entonces podrás lograr lo que te propongas en esta vida. Solo necesitas estar enfocado en lo que quieres. ¡Vamos haciéndolo! Pongamos en práctica el diagnóstico de nuestra salud y esperemos resultados positivos en un futuro inmediato.

2. ¿Cómo haré para que las condiciones se den y el resultado sea el esperado?

Una manera de saber si las condiciones se van dando es que midas progresivamente tus avances, que monitorees los resultados que vas obteniendo a corto plazo, ya que en caso de que lo esperado no se esté efectuando, entonces tomar medidas correctivas. No dejes que tus acciones bien intencionadas se vayan a la deriva por falta de seguimiento en tu rendimiento. Recuerda que el único recurso que no tiene reposición es el tiempo, se va y no regresa, avanza y no para, por lo que es muy importante saber en qué debemos invertirlo.

3. ¿Cuáles son las acciones que debo hacer para cumplir mi objetivo planteado?

Las acciones por ejercer son las que te hacen estar en movimiento. Tus planes de acción deben estar bien definidos. No dejes nada a la especulación, no te levantes ni un solo día para decir "voy al trabajo a ver qué sale". ¡No!, ¡para nada! Tienes que salir de tu casa con una organización muy bien estructurada para que sepas cuáles serán tus actividades del día, de la semana, del mes, del año, de los próximos cinco años, de los próximos diez años y de todas las décadas que la vida te otorgue en este proyecto personal que te has trazado. No hay pretexto para que no lo logres. ¡Adelante con tu plan de acción!

4. ¿Cuánto tiempo más debo estar en el tren nuevecito para pasar al tren viajero?

Esta pregunta es interesante. ¿Cómo saber cuándo debo trasbordar del tren nuevecito al tren viajero? o ¿qué pasaría si no me doy cuenta que ya estoy dentro del tren viajero?, ¿cómo saber esta condición?, ¿será cuando mis hijos y mis nietos(as) disfruten conmigo los frutos de mis años de trabajo?

Con estas preguntas sé que debo tener mucho cuidado con las acciones que tome día a día. Una vez más reitero que el tiempo no se detiene y no puedo darme el lujo de andar en los vagones del tren descarrilado. Debo estar atento para que no suceda eso y por ello siempre debo analizar cómo progresan mis acciones y así como a la salud corporal, debo hacerle caso a los avisos que la vida me vaya dando; por ejemplo, si sentimos que estamos gastando mucho, entonces quiere decir que ni siquiera tienes la intención de ahorrar. Ten mucha precaución con estas advertencias y no permitas que los vagones de otros trenes te arrastren con su libre albedrío.

5. ¿Qué precauciones debo tomar en cuenta?

Ten mucho cuidado al detectar las desviaciones. El monitoreo y la introspección son muy importantes, pues el descarrilamiento de los trenes se da cuando nos gana el ego y la prepotencia; es decir, cuando creemos que todo lo merecemos.

Recuerda nunca perder la humildad —es una recomendación muy sana—, el servicio debe ser tu finalidad, la filosofía del trabajo y la perseverancia siempre deben estar en tu mente, se precavido con el análisis de los resultados que vas obteniendo y detecta las desviaciones a tiempo, porque eso te dará la oportunidad de corregir los errores sin mayores riesgos y, por último, nunca pares de autoanalizarte.

Estas recomendaciones te ayudarán a lograr cualquier objetivo planteado.

6. ¿Qué riesgos y hasta qué punto debo asumirlos para no dejar de avanzar?

Algunas veces debes asumir grandes riesgos para obtener grandes resultados que te darán crecimiento aceptable y sostenido —si asumes riesgos pequeños, entonces los resultados serán proporcionales—. No pienses en las consecuencias si no logras tus metas, sino que debes fijarte en los beneficios de lo que conseguirás si lo intentas. Es preferible asumir las consecuencias por haber tratado de hacer grandes cosas que sufrir los efectos de no haber intentado algo importante en tu vida.

Eso sí, todas las decisiones tienen consecuencias. No todas serán positivas, algunas traerán repercusiones negativas que tendrás que corregir y te obligarán a iniciar de nuevo. ¡No importa! Asume riesgos y no pares hasta lograr tus propósitos de vida. Recuerda que el tren viajero es un tren exclusivo. No todos viajan ahí, porque hay que ser merecedor de un asiento. Hay que ser valientes e inteligentes, pero hay que tener cuidado con esta recomendación, pues en ocasiones pensamos con el estómago y no con la cabeza.

7. Cuidado con los pantanos.

En nuestro andar por esta vida debemos ser cuidadosos(as). Hay que evitar empantanarnos en suelos peligrosos, tan peligrosos que no sabemoscómo nos van jalando, de tal forma que cualquier movimiento que hagamos más nos succionará a un vacío del que será muy complejo salir.

Parecerá que estos pantanos son invisibles, pero no, al contrario, están esperando a que nos descuidemos para absorbernos; por ello, enlisto los más comunes que tenemos a nuestro alcance:

- **La pereza:** es uno de los pantanos más peligrosos. Nada en esta vida se logra con este defecto. Tenemos que ser contrarios al mismo y ser muy trabajadores(as), con una excelente planeación y organización en todo lo que hagamos.

- **El ego:** este pantano nos hace suponer que todo lo merecemos o que ningún esfuerzo de los demás es digno de nosotros. Creemos que el éxito debe llegar por sí solo por el simple hecho de ser nosotros, de tal forma que no deberíamos trabajar para obtenerlo.

- **Vicios (alcoholismo, drogadicción, etcétera):** de acuerdo con Wikipedia, solo para tener una definición básica e inmediata, el vicio se define como:

    - Toda práctica, conducta o hábito que se considera una falta, un defecto, una enfermedad o un mal hábito. Proviene del latín *vitium* que significa "fallo" o "defecto", aunque el significado social que se le ha dado se ha ampliado conforme pasan los años para incluir muchas otras acepciones.

- **Entornos sociales:** los contextos a los que estamos expuestos, en diversas ocasiones, exigen que aparentemos una personalidad falsa para encajar en grupos con características muy particulares. Eso provoca una ceguera con la que lo material se convierte en lo más significativo y comenzamos a darle mayor prioridad al uso de marcas costosas, despilfarrar la cantidad que sea sin pensar en el ahorro o anteponer la resiliencia para tomar mejores decisiones respecto a cómo administraremos en el presente para que en el futuro no padezcamos la carencia de lo básico y lo placentero; en fin.

El entorno exige muchas cosas que no siempre es bueno cumplir por quedar bien, sino que es ahí la prueba verdadera para elegir un mejor estilo de vida y sacrificar las facilidades inmediatas, para luego estar sentado(a) en una locomotora u optar por un extraordinario estilo de vida, pero que se esfumará tan rápido que solo caeremos en un hoyo negro con una profundidad muy difícil de atacar.

El vuelo del zopilote: a veces nos pasamos toda la vida planeando, pero nunca aterrizamos.

AHORA, ¿QUÉ PREGUNTAS DEBES HACERTE TÚ?

Mi caso de vida tiene una particularidad aunque suene como pleonasmo y es que, al ser personal, es único. Con esto quiero decirles, lectores, que debemos hacer una pausa para identificar cuáles son las preguntas que debemos hacer para tener un punto de partida.

Yo tengo cincuenta y un años, ¿cuántos tienes tú?, ¿en qué tren estás?, ¿te ubicas en alguno de los que hemos mencionado o aún no te sientes parte de ninguno? Esta última pregunta es muy interesante, porque si de plano no sabes en qué vagón viajas, entonces quiere decir que posiblemente estás sentado(a) en uno de los vagones del sinsentido, es decir, en el que el tiempo se va consumiendo y de repente ves tu rostro reflejándose en un espejo y notas que ya no eres joven, lo que te hace darte cuenta que todo lo que has vivido ha sido tiempo desperdiciado.

Tengamos mucho cuidado en cuestionarnos lo debido en tiempos adecuados. Si tienes diez, quince, veinte, veinticinco, treinta, treinta y cinco, cuarenta, cincuenta, cincuenta y cinco años o los que sean, debes autocuestionarte para que puedas proyectarte en ese tiempo y visualizar los logros que deseas alcanzar. Para todo se requiere mucho trabajo, perseverancia, disciplina, entre otros factores que harán que logres tus sueños como la toma de decisiones; por ejemplo, en mi caso, pese a que salía de casa en cortos períodos (semanas), decidí irme definitivamente desde los dieciocho años para buscar fortuna.

Como lo he repetido muchas veces a lo largo de este libro, el tiempo no vuelve nunca. Solo serás niño(a) una vez, al igual que adolescente, adulto; es decir, las etapas de la vida son únicas e irrepetibles, por lo que es importante que reflexiones y veas dónde estás. Posiblemente conocerás el éxito a una corta edad o, tal vez, naciste dentro de un núcleo familiar cuyo éxito es demasiado, pero es un hecho que si aún no logras el éxito en tu vida y sigues trabajando por ello, entonces haz una pausa, reflexiona sobre qué te falta por hacer, visualízate en un futuro (sean cinco, diez, quince o los años que quieras), mide lo que estás haciendo. Si después de hacer este ejercicio te das cuenta que vas bien, también es bueno que lo sepas. Si estás haciendo algo mal, con mayor razón debes identificar qué tienes que cambiar. Las cosas buenas no se logran a corto plazo, sino que requieren mucho esfuerzo y dedicación, ¡pero de que se logra el éxito, se logra!, ¡que no te quepa la menor duda!

Ahora bien, si ya eres una persona exitosa, no debes confiarte. De repente nos relajamos y creemos que tenemos la vida resuelta, pero no es así. Llegar al éxito es la parte más fácil dentro de todo un proceso, ya que con una buena filosofía de trabajo duro, perseverancia y disciplina —fíjate cómo estos factores nunca cambian sea el escenario que sea— ya es sabido que puedes obtener lo que sea; no obstante, si te relajas, puedes caer en picada y cuando menos te des cuenta, ya estarás más abajo del punto donde empezaste, pues iniciar de nuevo no es tan fácil, el tiempo y las energías no serán las mismas y para llegar a la cima se requieren factores externos que no podrás controlar.

La primera vez, todo el mundo te da confianza, pero en una segunda, el mismo mundo puede jugar en tu contra. Aunque todo es posible, el grado de dificultad será diferente, por tanto, llegar a la punta del éxito no es sinónimo de dejar de trabajar, sino al contrario, requerirá del doble de esfuerzo para mantenerte.

Sin embargo, hay quienes nacen, como se dice coloquialmente, en cuna de oro o plata y pese a eso, también se vuelve complejo obtener éxitos cuando las personas se confían, pues inevitablemente llegará el día en el que te tocará tomar decisiones. La niñez pasa, la juventud te deja, la adultez te espera con ansias, tus tutores (padre, madre o algún otro familiar) se irán primero que tú (si se sigue la regla divina) y el seno familiar donde estás cobijado(a) ya no tendrá esa protección, sino que ahora tú serás el pilar principal, quien tome las decisiones necesarias para el beneficio de todos(as) los(as) integrantes del nuevo clan.

¿A qué voy con lo anterior? Si no te preparas y no aprendes a decidir, puede complicarse tu futuro y el de tu descendencia. Muchos patrimonios se han acabado por no saber dirigir ni manejar importantes fortunas y aparece un dicho muy famoso aplicado en el mundo de los negocios **"no hay nada más peligroso en un negocio que un necio con iniciativa y poder"**. Tenga o no razón, a veces nos empecinamos en saber cosas, pero la mayoría de las ocasiones es mejor escuchar a quienes saben para que podamos decidir mejor. Es ahí cuando debemos ser cuidadosos y no permitir que los demonios del ego nos atrapen. Seamos humildes para callar cuando así deba ser.

Hasta este punto ya podemos ver con más claridad una línea narrativa que ha reflejado lo que necesitamos trabajar para transbordar al tren viajero. Haz leído testimonios de personas exitosas, de personas que no supieron mantener sus ascensos y provocaron el descarrilamiento de sus trenes de vida; asimismo haz comprendido que el tiempo no espera a nadie y no debes desaprovechar ni un solo segundo, sino que siempre debes construir cosas nuevas, echar a volar tus ideas, trabajar en ellas para cristalizarlas, en fin, haz entendido que la autorreflexión es una dinámica imprescindible para tu evolución y trascendencia, pues cuando llegue el momento de voltear atrás podrás decir "tuve una vida digna y he dejado un legado honesto y merecedor a mi descendencia".

EL SAJÍO (SAGÍO O SAHÍO)

Una vez que hicimos un autoanálisis de nuestra vida tomando como base las preguntas del capítulo anterior (¿en qué momento nos encontramos? y ¿qué debemos hacer para mejorar o para hacer cosas que impacten en nuestra vida y en la vida de los demás?), tenemos que identificar el **Sajío**. Este concepto no aparece en ningún diccionario digital ni en ningún sitio electrónico, pero es utilizado de forma ancestral como me lo ha dicho mi cuñado Chacho de sesenta años, quien toda su vida ha sido pescador. Es una palabra que aprendió de su papá que también fue pescador y de su abuelo que de igual manera fue pescador. Todos han practicado este oficio dentro de la Bahía de Navachiste en Guasave, Sinaloa, pero dejando los antecedentes a un lado, enfoquémonos en la definición de **Sajío**:

Es cuando se abre una oportunidad para avanzar. Es saber cómo esperar para que se den las cosas. Es tener paciencia, pero ¿cómo se aplica?, ¿cuál es la mejor forma de hacerlo? Pues bien, el razonamiento es el siguiente: los pescadores, cuando se adentran en altamar con sus pequeñas embarcaciones, deben esperar esa oportunidad que mencionamos y que aparece después de haber esperado, de haber tenido paciencia.

Sus pangas (lanchas con motores fuera de borda) son pequeñas, por lo que si ellos no esperaran esa oportunidad y solo se lanzaran impacientes al mar, lo más seguro sería que sus embarcaciones perecerían con las altas olas que reventarían a la orilla del mar, porque la turbulencia que éstas provocarían voltearía sus pangas sin mayor problema, puesto que la altura de una panga es de un poco más de un metro y las olas pueden medir el triple de eso, lo que ocasionaría accidentes graves.

Entonces, los pescadores han logrado identificar al **Sajío** de esta manera: después de cada cuatro olas de más de tres metros que reventaban en la orilla del mar, venía la quinta que era más tranquila y permitía a los pescadores adentrarse rápido para que, antes de que iniciara otro grupo de cuatro olas, ellos ya estuvieran dentro de las aguas y pudieran buscar su pesca.

A partir de este ejemplo, ¿nosotros qué hacemos cuando tomamos decisiones?, ¿sabemos esperar una oportunidad clave o decidimos sin ton ni son? En ocasiones planeamos tanto una decisión que a la mera hora de ejecutar los planes que teníamos en mente no obtenemos los resultados esperados. Nos preguntamos por qué sucedió eso y pocas veces pensamos si el día y la hora fueron los correctos o si tomamos aquella decisión en el peor de los días o cualquier otro escenario que pudo darse cuando nos anticipamos o nos tardamos en hacer algo.

Con esto quiero decir que a veces tenemos todo bien hecho y consideramos todas las variantes para que no falle nada, pero de repente nos adelantamos al tomar alguna decisión y, en consecuencia, la propuesta planteada, por más bien hecha que esté, no se aprueba o, por el contrario, construimos un proyecto demasiado tarde ocasionando que nuestros competidores nos ganen el mercado. Es por eso que debemos estar atentos(as) cuando aparezca nuestro **Sajío**, cuando tengamos frente a nosotros(as) la oportunidad idónea para tomar la decisión de adentrarnos a los proyectos que tengamos planificados en el momento adecuado, no antes ni después, sino que debemos decidir cuando deba ser. Recordemos que estamos trabajando para abordar el tren viajero y posteriormente para hacerlo en el tren místico donde se reflejará el valor que le hayamos dado a nuestra vida, a nuestra familia y con ello, la calidad de huella que dejaremos en el plano terrenal.

Después de narrarles *grosso modo* el significado de **Sajío**, ahora me enfocaré en lo que ha significado para mí tomar decisiones a lo largo de mi vida.

AL FINAL DE LAS ESTACIONES, TODOS LOS TRENES CONVERGEN HACIA LA ESTACIÓN DEL TREN MÍSTICO

Queramos o no, todos llegaremos a la última estación. De ahí todos subiremos al último vagón, al del tren místico. Ahí es cuando todos voltearemos hacia atrás y nos daremos cuenta que en esa parte de nuestra historia ya no habrá nada que podamos cambiar, solo quedará el recuento de lo que hicimos, de lo que dejamos de hacer, cuánto servimos, cuánto nos sirvieron, cuánto agradecimos, cuánto nos agradecieron, cuánto ayudamos, cuánto nos ayudaron, pero, repito, **nada podrá modificarse**, ya todo estará hecho. La pregunta es ¿cómo queremos vernos o cómo nos vemos al final del camino?

La forma en la que nos visualizamos en esa última estación, ¿qué hicimos o qué dejamos de hacer para estar en ese último vagón y decir "valió la pena"?, ¿qué tan dignos somos para que el creador nos haya prestado la vida?, ¿qué tan dignos vivimos?, ¿por qué fuimos elegidos entre miles de espermatozoides?, ¿qué tan útil somos para los demás?, ¿cómo servimos en ese tiempo que duró nuestro viaje en este mundo que dejaremos al concluir nuestro camino?, ¿cuál es el sentimiento con el que llegaremos?, en fin, todo eso debe tener una razón, todo ese conjunto es una oportunidad tan bella a la que llamamos vida que no debemos desperdiciar.

Por encontrar respuesta a todas esas incógnitas he escrito este libro. Si nos damos cuenta, nadie lleva cosas materiales al último tren, nadie lleva edificios ni carros ni joyas ni casas ni playas ni nada, regresamos con lo que llegamos: nada. Cuestión que nos hace reflexionar acerca de ¿qué estoy haciendo?, ¿cómo llegaré al final del camino?, ¿qué tan digno habré sido al aprovechar el tiempo que duré en este mundo?

Son temas muy importantes a considerar. Debemos darnos tiempo para reflexionar, para autodiagnosticarnos en diversos períodos de tal manera que nos direccionemos cuando nos sintamos desviados, corrijamos nuestras acciones para ser más útiles y serviciales.

En la historia de nuestra civilización ha habido cientos de miles de grandes aciertos, pero ha sido consecuencia de millones de intentos. Remontémonos a la época en la que se inventó la rueda o a cualquier otra en la que un descubrimiento salía a la luz y ahora su evolución ha permitido que sea posible viajar al espacio, investigar mares y océanos, hacer videollamadas a cualquier país con tan solo apretar un botón, entre otras cosas que han innovado al mundo.

Viendo este panorama, hay que cuestionarnos ¿qué estamos haciendo para dejar huella y principalmente en nuestra familia? Dejar algo a la sociedad es aún más retador, pero no es imposible. Lo más difícil es empezar a hacer algo, definir ¿qué queremos hacer?, ¿qué nos apasiona?, ¿qué valor agregado podemos dejar antes de llegar al último vagón? Tiempo hay mucho, hay más tiempo que vida y cada uno(a) tiene una ración del mismo que si no se aprovecha, ya no regresará. El tiempo es un recurso que para medirlo se idearon sistemas de medición como el segundo, el minuto, la hora, el día, la semana, el mes, el año, el lustro, la década, el siglo, etcétera que nos permiten monitorear lo que hacemos en cada período. Tú llevas tu registro de lo que haces. Nada está escrito. La porción que el tiempo te otorga puede cortarla, incluso, desde el día de tu nacimiento, pero no podemos enfocarnos en el pensamiento de cuánto tiempo estaré vivo(a), pues nos limitaría a hacer grandes cosas por nosotros(as), por nuestra familia y por nuestra sociedad. Tenemos que capitalizar cada segundo que se nos da.

Ejemplos a seguir

Es muy común que cuando eres joven te llame la atención la conducta de ciertas personas, que te sientas bien al verlos triunfar o ver lo diferente que son en comparación con los demás, es decir, quisieras ser como ellas. En esta etapa de la vida es normal que te confundas, porque probablemente no siempre sean los mejores ejemplos para ti como pensarías, tal es el caso de quienes aparentan tener mucho éxito pero en realidad andan en malos pasos; puedes verlos(as) bien vestidos(as), con buenos autos, brillantes alhajas y un ritmo de vida que pareciera que todo lo que obtienen lo hacen a partir de mucho trabajo, pero la verdad podría ser que ese nivel de bienestar provenga de actividades ilícitas y que, a primera vista, se vea como algo normal.

Tenemos que ser muy cuidadosos(as) de quién queremos ser y qué queremos lograr. Grábate bien que todo lo que vale la pena en la vida requiere de mucho trabajo. No es fácil decir "nací sin posibilidades y con trabajo, dedicación, perseverancia y muchas ganas salí adelante". Créeme que todo puede lograrse con base en un buen programa de vida, pero es muy importante que el ejemplo a seguir sea el adecuado. En nuestra vida hay muchos buenos ejemplos que han salido adelante siendo honestos, con buenos hábitos, con buenas costumbres y con una entrega total de hacer bien las cosas; asimismo, como lo mencioné en páginas anteriores, debes tener una visión clara de lo que quieres en esta vida y hacerlo desde la conciencia, porque para lograrlo se requiere una programación que sea medible y que con el paso del tiempo te permita saber si vas en la dirección correcta o si debes corregir algo para conocer cuál es el rumbo adecuado que deberás seguir.

Yo tuve muchos mentores desde mi infancia hasta hoy. Los primeros fueron mi padre y mi madre, porque me dieron las bases sólidas con los valores esenciales que estructuran nuestra vida, por ejemplo, la honestidad, la gratitud, el servicio con los demás, entre muchos otros que siempre me han ayudado a salir adelante en los problemas que he ido enfrentando.

Cuando tenía doce años, recuerdo que salí de la primaria muy feliz con mi certificado en mano, llegué a casa, se lo entregué a mis papás para mostrarles mi promedio final (9.6) y emocionado les avisé que ahora debía estudiar la secundaria. Para mi sorpresa, me dijeron que no iba a haber estudio, porque no tenían los recursos para seguir ayudándome, que como era el menor de diez hijos, pues me quedaría con las vacas y con una pequeña tierra ejidal que tenía mi papá. Yo no quería ni vacas ni tierra. Yo lo que quería era estudiar. Tenía bien definida mi visión para triunfar e iba a ser a través del estudio.

Nací en una cuna humilde, mi papá no era un empresario, mi mamá era ama de casa y mis hermanos y hermanas mayores no habían realizado estudios universitarios; por lo tanto, para mí se vislumbraba un futuro incierto, pero no me rendí. A mis doce años le pedí permiso a mi papá y a mi mamá de trabajar para seguir estudiando a lo que, en primera instancia, accedieron para no quitarme la ilusión y fue una grata sorpresa para ellos que a mi corta edad ya empezara a luchar por mis alcanzar mis sueños.

Posiblemente, desde un plano que no puedo descifrar, a pesar de ser tan pequeño, Dios (yo soy creyente, pero tú, lector, eres libre de darle la connotación en la que creas) ya tenía algo muy bueno para mí, pues, conforme han pasado los años, he tenido la oportunidad de sentir que estoy abordando las estaciones óptimas y adecuadas de los diferentes trenes y espero no tener alguna experiencia de lidiar con alguno que no me lleve a una parada segura como es el caso del tren descarrilado, aquel que va en sentido contrario. Jamás me cansaré de repetir que quiero llegar a mi vejez en la comodidad que ofrece el tren viajero o la locomotora y vea todo lo que construí a lo largo de los años.

En eso deberíamos enfocarnos todos(as), en llegar a la última estación llenos(as) de logros y de experiencias que les sirvan de base a nuestra descendencia para que salgan adelante en esta hermosa vida llena de retos y de bellos momentos. El bien siempre gratifica y el mal te sacrifica, por lo que, aunque ambos conceptos estén bien definidos, en la vida surgen muchas sorpresas y de repente puedes estar haciendo algo malo sin que te des cuenta, así que tenemos que estar muy atentos para no hacerle daño a nadie y cuando lo hagamos, entonces ser humildes para disculparnos y remediar lo más que podamos.

Respeto sublime a los compromisos

Un elemento fundamental en mi trayectoria ha sido el respeto total y excepcional a los compromisos adquiridos. Hablo de los compromisos que van más allá de los formales, es decir, no hablo de aquellos que se cumplen con trabajos encomendados de acuerdo con contratos, leyes o cualquier manifestación de obligación con terceros o con el gobierno; sino que hablo del respeto hacia los compromisos con uno(a) mismo(a), compromisos internos que te hagan decir "me comprometo a iniciar un posgrado este año", "me comprometo a desarrollar nuevas habilidades", "me comprometo a fortalecer mi relación con mi esposa", etcétera.

Hay una infinidad de compromisos que uno(a) puede hacer con uno(a) mismo(a) que al lograrlos te aportan un crecimiento enorme. Al principio podrías decir que son difíciles, pero no, a veces son más fáciles de lo que pudieras imaginar, ya que si se tienen bases como la disciplina, la perseverancia y otros valores, todo lo que te propongas lo cumplirás fácilmente. No obstante, si no las tienes, entonces deberás trabajar para obtenerlas, para crear buenos hábitos que, al comprometerte, permitan que consigas todo sin mayor problema y solo de esta manera vivirás un crecimiento exponencial.

Todo tiene un efecto, pero la mayoría de las veces no son inmediatos, sin embargo, lo que ahora hagas o no hagas, el día de mañana tendrá su recompensa o su castigo. Con el hábito de tener respeto sublime hacia los compromisos he marcado una pequeña diferencia con los demás. De hecho, uno de los primeros fue salirme del lugar donde nací, emigré a otra ciudad, me preparé, trabajé duro y eso me dio la oportunidad de que, en un futuro, pueda subirme al tren que más deseo, luego llegar al tren místico y por último, dejar no solo un legado, sino ser un ejemplo de superación para mi familia.

La mala suerte no existe

¿Cuántas veces no hemos escuchado estas palabras?, ¿cuántas veces escuchamos que las personas tuvieron "mala suerte"? Es increíble cómo las personas justifican (o justificamos) su falta de coraje, su indecisión y su falta de trabajo duro y constante con tan solo decir "es que tengo mala suerte". Para mí son los hechos y las circunstancias los que en ocasiones no sabemos sortear y convertir esos contextos en experiencias que nos fortalezcan más y nos otorguen mayor voluntad para estar donde queremos estar, con una vida exitosa, de mucha abundancia en todos los aspectos, para que nos permita ser generosos(as) y así ayudar a los demás.

Pero ¿por qué hablar de mala suerte?, ¿por qué no nos enfocamos en enunciar distinto y decir "tuve un reto nuevo" que pude superar y así sucesivamente? La vida está llena de retos y hay que saber cómo vencer todos los que vayan llegando para evitar aquel pretexto de "tuve mala suerte, porque me pasó esto". Eso, lectores, se llama cobardía o no sé qué palabra quedaría mejor para significar el hecho de no enfrentar los desafíos o simplemente el hecho de dejarnos vencer por ellos. Todos tenemos las mismas herramientas para salir adelante y por eso tenemos que trabajar constantemente, pero, créanme, la fortaleza mental y espiritual pesan más que la física cuando se trata de tomar decisiones.

¿Quién puede darte un mejor consejo: una persona de sesenta años o una persona de veinte años? No es una regla establecida que las personas adultas sean las más sabias, porque sé que aprendemos algo de todos(as), pero, a partir de las experiencias adquiridas, hay una posibilidad más alta de que un(a) adulto(a) mayor tenga mejores enseñanzas que un(a) joven de veinte años que apenas va adquiriendo una que otra vivencia. Por tal motivo, mi recomendación es que seamos fuertes en el área mental para saber qué decidir e identificar cuándo no es ni el mejor momento ni la mejor opción e idear otra, pero nunca doblegarse ante la absurda justificación de la "mala suerte". Reitero, tenemos que vencer reto tras reto, ir evolucionando y eso nos direccionará hacia el tren en el que queremos estar.

¿Existen personas extraordinarias? No, todos somos iguales. Es cierto que hay quienes tienen una extraordinaria condición física, pero eso realmente no los hace extraordinarios, sino justo como lo indica el calificativo "es una condición" por la que trabajan; de tal modo que, tomando de referencia este primer punto, puedo afirmar que no hay personas extraordinarias. Todos tenemos la misma estructura ósea, los mismos sistemas, los mismos aparatos, en fin, las mismas partes que operan para que nuestro cuerpo se mantenga con vida. **Lo extraordinario es lo que hacemos**.

En párrafos anteriores mencioné que siempre tenemos que fortalecer nuestra mente, porque de ella depende todo lo que hagamos. Cualquier negociación en la que estemos, si no somos fuertes mentalmente, estaremos expuestos(as) a perder siempre. Las mejores decisiones se toman cuando estamos capacitados desde la consciencia y eso no se obtiene de la noche a la mañana, sino que es un entrenamiento constante que se va dando conforme adquirimos experiencias y cómo creamos soluciones o cómo actuamos antes los problemas y retos que van apareciendo. Ahora bien, la apariencia física es importante para muchas actividades que realizamos, especialmente si nos gustan los deportes, pero aun así, quien tenga una mente fortalecida, tendrá mayores posibilidades de ganar en competencias de cualquier categoría deportiva.

¿Cuántas veces hemos escuchado expresiones como "¡tan bien que se veía y mira que mala decisión tomó!"? Para tener éxito, tenemos que hacer de nuestra mente algo extraordinario. Nuestro físico y todo lo que conduce a las apariencias no son los factores determinantes para desarrollarnos plenamente. Lo que sí es importante es cultivar nuestras cualidades con las que hemos nacido. Resulta mucho más fácil lograr lo anterior cuando crecemos y nos educamos en un núcleo con buenos hábitos y buenas costumbres que nos van enseñando la rectitud de la vida y eso permite que nuestro crecimiento personal tenga bases sólidas. Sin embargo, con esto no quiero decir que si naces en condiciones diferentes como en un núcleo familiar separado, sea sinónimo de fracaso, sino ¡al contrario!, es decir, si logras definir tus objetivos desde pequeño(a), todos los factores que pudieron haberte tumbado o haber evitado que lograras tus sueños se transformaran en tu fortaleza para alcanzar tus metas. De igual forma, nacer dentro de una familia unida y de buen linaje tampoco es sinónimo de que tendrás el éxito asegurado. En muchas ocasiones estar sobreprotegido(a) puede causarte desviaciones mentales que eviten alcanzar tus propios proyectos.

Muchas veces le damos más prioridad a la salud física que a la salud mental. No podemos decir que tal o cual persona es exitosa por tener un cuerpo grande o un cuerpo pequeño o porque su color de piel sea blanco, amarillo o moreno. No importa ni la estructura física ni la nacionalidad de las personas, sino que todo está en la mente. A lo que voy es que las características físicas son una herramienta que, por ejemplo, en actividades deportivas son esenciales, pero no es el único factor que garantiza el triunfo, ya que quienes se han consolidado como grandes competidores(as) o quienes han obtenido las mejores posiciones lo han hecho porque su salud mental y emocional son las idóneas. Debes entender esto muy bien: no hay personas extraordinarias. Lo extraordinario es lo que hacen las personas para lograr lo que desean en esta vida y ganar ese lugar en el tren donde quieren estar.

He tenido la fortuna de conocer a aquellos(as) que han hecho cosas extraordinarias y quiero que sepan, lectores, que son tan comunes y tan iguales a nosotros(as) en la forma de tratar a los demás y en la manera de conducirse por la vida; por tanto, son de lo más normal las relaciones humanas tanto de personas que hacen cosas extraordinarias como de quienes no. Sin embargo, como es sabido, los pecados capitales aparecen y se convierten en tentaciones que atrapan a cualquiera sin importar su condición económica, por lo que también puedes darte cuenta que los vicios o los malos hábitos afectan a todos(as) sean del nivel que sean, no respetan ninguna condición social y no podríamos decir que solo aquellos(as) de niveles altos son vanidosos(as), soberbios(as), perezosos(as), etcétera.

Ahora bien, retomando la idea principal de este subapartado te diré que cuando hagas cosas extraordinarias o te dirijas a personas que han hecho cosas extraordinarias y sus éxitos ya le permiten su pase hacia un tren de vida aceptable, siempre velas a los ojos, no les temas, respétalas para que te respeten y te den tu lugar, pues nunca sabes si permanecerás en una condición favorable o si, por azares del destino, caerás a niveles donde deberás volver a empezar y entonces necesitarás la ayuda de los demás. Recuérdalo una vez más: no hay personas extraordinarias. Extraordinario es lo que hacen.

Facturas morales impagables

Para muchos(as), este concepto de facturas morales puede ser nuevo, pero en realidad su definición es tan antigua como la Historia misma. ¿Cuántas veces hemos escuchado que algún conocido(a), por agradecimiento, por lealtad o por otros motivos, a pesar de sus diversos atributos y talentos, nunca salieron de la misma realidad en la que han estado inmersos(as) durante mucho tiempo?

Saber cuándo es el momento de dar las gracias y buscar nuevas oportunidades por cuenta propia no es signo de mal agradecimiento o deslealtad, sino que significa que ha llegado el tiempo de encontrar mejores opciones que ayuden a nuestro crecimiento integral y así obtener el éxito deseado; por lo que es muy importante no entrar en confusiones con lo que representa la gratitud, elemento fundamental para nuestro desarrollo como seres humanos, únicamente se trata de identificar cuándo debemos cambiar nuestros rumbos hacia el camino que requieren los sueños que deseamos alcanzar.

Las facturas morales, en la mayoría de los casos, son impagables. No hay dinero ni tiempo que logren cubrirlas. Nuestro(a) benefactor(a) siempre nos dirá que por él / ella estamos donde estamos aunque todavía no estemos en el lugar que deseamos. Fíjate bien, conozco a quienes están atados(as) a personas que les dieron una oportunidad de trabajo y nunca quieren apartarse de ellas, porque piensan que al hacerlo será un acto de mal agradecimiento, pero no es así. Todos tenemos derecho a crecer y a buscar nuevas oportunidades que nos ayuden a sentirnos realizados(as), por lo que debemos ser cuidadosos(as) y seleccionar quiénes nos apoyan en ese crecimiento y quiénes no lo hacen a favor de lo que requerimos para triunfar.

Es como cuando estamos en el vientre materno. Después de cierto tiempo, nos tienen que cortar el cordón umbilical para que de ahí en adelante comencemos a respirar y a comer por nosotros(as) mismos(as). Con eso se termina la etapa de gestación e iniciarán otras fases en las que debemos estar atentos(as) y enfocados(as). Bien es sabido que tenemos nueve meses para formarnos dentro de nuestra madre, pero en proyectos u otro tipo de procesos, los tiempos son indefinidos. ¿Cómo saber cuándo será el siguiente corte de ombligo? Ahí está la parte final de nuestras decisiones, es decir, saber cuándo es el tiempo de hacer las modificaciones necesarias y evitar encadenarnos por agradecimiento o lealtad que nos llevaría a truncar infinidad de cosas que podríamos enfrentar como los nuevos retos que se irán poniendo frente a nosotros(as). No llegues a ese último tren con la intención de pagar una factura moral que, al final, seguirás debiendo aún sin vida, porque es impagable a los ojos ajenos.

Quiero aclarar lo siguiente: debemos ser muy cuidadosos(as) cuando demos el paso a buscar nuevos proyectos, ya que existe una línea muy delgada entre crecer con otro plan de vida que no incluya a las personas con las que colaboramos actualmente y continuar con nuestro crecimiento a partir de nuevos proyectos pero con gratitud. Ser agradecido(a) es, como su nombre lo indica, saber dar las gracias y salir por la puerta grande y frontal. Nadie va a detenerte. A algunos no les gustará tu salida, pero con el tiempo esas personas reflexionan y afirman que hubieran hecho lo mismo y, en consecuencia, desearán que te vaya bien; no obstante, si sales por la puerta trasera, es decir, llevándote secretos industriales, fórmulas, bases de datos de clientes, etcétera, sucederá todo lo contrario.

No se compara aquel bienestar que provoca andar por la calle, entrar a un restaurante o a un centro comercial, traer la cara en alto y nunca bajar la mirada ante la persona que formó parte de tu crecimiento, sino saludarla con esa amistad que forjaron durante el lapso que te acompañó. ¿Qué necesidad hay de acudir a un tribunal para responder ante un plagio que hayas hecho y pensar que no pasaría nada? Desde mi experiencia, he demandado colaboradores que extraen información u otro tipo de datos físicos o digitales con la intención de crear sus proyectos o nuevos trabajos y un día simplemente se fueron con todo, pensando que no me daría cuenta o que no habría consecuencias negativas hacia ellos.

Es por esto que te hago la recomendación de identificar esa línea al salir y entrar a nuevos proyectos. Aunque la factura moral sea aparentemente impagable ante los ojos de muchos, tú siempre mantente honesto(a), agradecido(a), leal y haz las cosas para tu bienestar y para el bienestar de los demás, porque recuerda que tu meta principal es convertirte en el ejemplo de aquellos que te conocieron.

La tolerancia al estrés marcará el éxito en tu vida

La vida no tiene nada de fácil, menos cuando toca remar a contracorriente, es decir, si las condiciones en las que naciste no fueron las adecuadas, ya sea porque naciste sin nada o porque naciste con todo, el ser humano siempre buscará una manera de justificar lo dura que ha sido su trayectoria. En cualquier condición, sin importar si tu cuna fue de seda o de petate, en todo momento buscarás pretextos para afirmar que tu vida ha sido la más difícil; sin embargo, lo anterior no es una regla general, sino que hablo de las excepciones y por esa razón le di ese nombre que leíste a este subapartado.

Como el tren de vida en el que queremos viajar no es el mismo para todos, entonces existirán muchas variantes para significar el éxito y con ello qué tan tolerantes somos ante las circunstancias a las que nos enfrentaremos. El principal éxito de vida que queremos conseguir es la felicidad con nosotros mismos y compartirla con los demás, pero ¿qué pasa si nos estresa demasiado esa búsqueda o todo lo que implica llegar a ese tren de vida que deseamos abordar?

Debemos conocernos para detectar qué tan tolerante somos y hasta dónde llegan nuestros límites, para que, de ahí en adelante, ampliemos ese rango de tolerancia, porque no estaremos sentados en ese tren soñado de la noche a la mañana, sino, mientras el tiempo aún no sea el indicado para abordar, entonces debemos ser felices con las cosas que estamos haciendo para lograr aquel cometido. Tengo un dicho que uso siempre, pero desconozco si fue creado por alguien más, y dice "para mí, la vida es tan difícil de lo fácil que es". Con esto quiero decir que somos nosotros los responsables de tomar las decisiones que mejor nos convengan de acuerdo con nuestros puntos de vista. Tal vez, en un momento específico tomaste una decisión muy particular que posiblemente fue la mejor y el tiempo es el único que te habrá dado una respuesta efectiva y objetiva ante esa acción; nunca se equivoca.

Te recomiendo que cuando debas decidir algo, lo hagas cuando estés relajado(a) y con tu mente tranquila, para que optes por una opción conveniente y acertada. En una escuela de alta dirección escuché la siguiente afirmación: "que las emociones no tomen tus decisiones". Ahora bien, tampoco es tan apropiado que decidas algo con base en casos de otras personas, porque recuerda que somos únicos, somos irremplazables en todos los sentidos y más si nosotros somos quienes definimos nuestro futuro.

El estrés es un concepto complicado que, desde mi punto de vista, tiene remedio siempre y cuando estemos dispuestos(as) a escuchar a especialistas o a personas con la experiencia necesaria para darnos un buen consejo. Estresarse es parte de la vida, pero debes evitar que afecte tu salud o tu estado de ánimo. No puedes tener una vida sin estrés, pero sí puedes conocer qué tan tolerante eres para que, pase lo que pase, nada impida el logro de tus objetivos a corto, mediano o largo plazo.

CONCLUSIONES

Es importante saber que, queramos o no, el tictac del reloj no se detiene ni espera a nadie. Ese avance lo he ejemplificado con los diferentes tipos de trenes, pues uno de mis objetivos ha sido demostrar que si no administramos bien nuestro tiempo, lamentaremos no haber realizado proyectos que, en su momento, pudieron cambiar nuestra vida. No decidir a tiempo retrasa nuestra evolución.

A veces tenemos una idea brillante, pero somos incapaces de aterrizarla, nos quedamos esperando a ver quién nos ayuda y utilizamos pretextos como la falta de dinero, no tener un lugar especial para hacerlo o muchos otros escenarios que son falsas justificaciones de no haber iniciado un cambio en nuestra trayectoria de vida. Debes saber, lector, que el dinero, pese a que es una de las excusas más comunes, es el factor que menos se ocupa, porque realmente lo que se necesita es un enorme corazón convencido de que su idea o su proyecto es el mejor del mundo. Lo que necesitan todos los que me están leyendo es creer en ustedes. La persona que más los va a querer y que más los va a defender es cada uno de ustedes. No claudiques por factores así.

Ahora bien, si el tren de vida en el que viajas ahora lo has identificado a partir de las siete categorías mencionadas —todos convergeremos en el octavo—, entonces ya sabrás qué hacer para redireccionarlo o mantenerte ahí, pero en caso de que no corresponda a ninguno de los anteriores, entonces toma los buenos consejos y los mensajes positivos y de crecimiento que se reflejan en los testimonios expuestos con la finalidad de ayudarte a vivir una vida más plena.

Estar en la locomotora o en el tren viajero debe ser excitante, pero como sabes, aún estoy en el tren nuevecito y debo trabajar duro para disfrutar los beneficios que por muchos renglones te he compartido. Cuando llegue la hora de decir adiós, quiero irme pleno y convencido de que hice todo lo posible por lograr lo que deseaba, que no hubieron ni obstáculos ni barreras tan complejas que me hayan detenido ni siquiera los que nos fabricamos nosotros(as) mismos(as).

Si no identificas en qué tren vas o aún no
has logrado nada interesante en tu vida,
seguramente es porque estás en el tren
desconocido, aquel que avanza sin esperar
a nadie, sin hacer ruido ni señal alguna
hacia la estación final donde permanece el
tren místico. De ser así, voltearás y dirás
"¡Dios mío!, pasó el tiempo y no hice nada
extraordinario. Nunca me atreví a tomar
una decisión que valiera la pena.
Mi tren de vida fue ocioso
y deprimente.
¡Qué vergüenza haber
vivido así!".

**¡Evítalo! Vive
cada día
como si fuera
el último
día de tu vida.**

**Toma y asume riesgos
grandes o pequeños,
pero no te quedes con las
ganas de nada.
¡VE POR EL ÉXITO
CON TODO LO QUE ESO IMPLICA!**

CUESTIONARIO DE RESPUESTA LIBRE

Este libro que escribo como una gran metáfora está basado en los trenes de vida que cada uno(a) de nosotros(as) abordaremos hasta que todos(as) coincidamos en aquel que nos llevará al último viaje sin retorno. Ha sido interesante explorar cómo cada quien ha tenido la libertad de elegir qué tren abordará y de qué manera hará lo necesario para estar donde quiere estar. Los(as) que por alguna razón no han podido cambiar de tren, entonces tendrán este instrumento de lectura como herramienta para motivarlos a partir de los ejemplos de vidas exitosas que no tienen mayor secreto, pues los protagonistas son tan normales como tú y como yo. Recuerda que nadie es extraordinario, sino que sus acciones son las que se ganan ese calificativo.

Mi principal intención es que hagas un ejercicio de autoanálisis y visualices cómo ha sido hasta ahora tu vida en ámbitos empresariales, profesionales, deportivos, emprendedores, académicos, etcétera y de esta forma reflexiones qué acciones o decisiones no haz tomado para encauzarte poco a poco hacia el tren al que quieres llegar o qué medidas deberás tomar en cuenta para prevenir un descarrilamiento inminente y evitar que, cuando hayas llegado al tren místico, tu legado haya sido nulo y sin mayor trascendencia. Debes buscar lo contrario, es decir, lograr que te recuerden por las cosas grandes que alguna vez hiciste.

La idea que pretendo transmitirte es que conozcas tu vida a fondo, que observes dónde estás parado(a) y por esta razón he preparado para ti esta serie de preguntas con las que enfocarás mejor tus metas y tus objetivos al pensar y escribir tus respuestas. Solo así podrás percatarte que el éxito no es cosa de "buena suerte", sino de mucho trabajo, de decisiones acertadas, de asumir riesgos y de enfrentar cualquier tipo de problemas.

1. Hazme un resumen de tu vida empresarial, profesional, deportiva, de emprendedor o de estudiante o referente a lo que estés haciendo en esta etapa de tu vida; ¿de dónde eres?, ¿cómo te defines como persona y como empresario?

2. Cuéntame, ¿cómo definiste tu modelo de vida?, ¿cómo empezó todo?, o, ¿aún no has empezado?

3. ¿Cuáles fueron los principales retos que tuviste al inicio de tu aventura?, y, ¿cuáles son los retos actuales?

4. ¿Cuáles han sido las experiencias que más han dejado un aprendizaje en ti o con las personas que trabajan para ti o con quienes hayas trabajado, ya sea, proveedores, acreedores, bancos, competencia interna, etcétera?

5. Para llegar a donde estás —y espero que llegues mucho más lejos—, ¿hubo algo que tuvieras que sacrificar al inicio de tu negocio o alguna cosa que dejaste de hacer por crear tu negocio; por ejemplo, haber dejado de viajar, de conocer otros lugares, entre otras cosas, o posiblemente haber iniciado uno y ahora fuera otro negocio el que tienes?

____

____

____

____

____

____

6. ¿Cuál ha sido alguno de los factores principales o secretos que formaron tu éxito? Dime o escribe al menos cinco.

____

____

____

7. ¿Cómo te visualizas en diez, veinte y treinta años?

____

____

____

____

____

____

8. ¿Qué te gustaría dejar como legado al final de tu vida?

Tren del éxito. Ya me subí, ahora no me bajo

Este libro terminó de imprimirse
en el mes de marzo del 2022.